KB157968

잠시 슬럼프였을 뿐,
더 괜찮아질거야

한기연 지음

잠시 슬럼프였을 뿐,
더 괜찮아질 거야

팜파스

슬럼프는 언제든,
누구에게나 올 수 있습니다

"사방이 다 막힌 것 같아요!"

상담실 소파에 털썩 주저앉으며 신음하듯 첫마디를 내놓은 이십대 중반의 여성. 이제 막 세상이라는 곳에 발을 디디며 제 길을 갈 수 있는 젊디젊은 나이입니다. 마음먹는 대로, 무엇이든 할 수 있을 것 같은 좋은 나이에 사방이 막힌 것 같다니. 하긴, 심리 상담 일을 오래하며 인정할 수밖에 없는 한 가지는 심리적 고통은 무엇도 가리지 않는다는 것입니다. 나이가 무슨 상관인가요? 지적 능력도, 사회적 영향력도, 신체적 매력도, 재산도 어느 것 하나 분명하게 관련되어 있지 않습니다. 그저 우린 모두 다 각기 자기의 사정으로 힘이 듭니다.

저는 상담실에서 이렇게 벽에 부딪친 것 같은, 끝이 안 보이는 터널에 갇힌 것 같은, 걸림돌에 걸려 넘어졌는데 도무지 일어설 방법을 모르는 것 같은 상태의 사람들을 만납니다. 나름대로 해 볼 것은 다 해 본 것 같은데, 무던히 애쓴 것 같은데 여전히 아무것도 달라지지 않을 때, 심지어 더 깊은 나락으로 하강하는 것 같을 때 전문가를 찾아옵니다. 당연히 그분들이 갖고 있는 문제들은 다 제각각이지만, 혼자서 무엇을 어찌할지 모르겠다는 무력감과 두려움에 허둥대는 것은 같아 보입니다.

현재 자신을 둘러싸고 있는 현실이 최악이냐고 묻는다면 그건 아니라고 할 것입니다. 하지만 객관적 현실과는 또 다르게 우리는 자신이 바라는 모습과 현재 자기 모습 사이에서 커다란 괴리를 느낄 때가 있습니다. 또는 아직 그렇게 되지는 않았지만, 무언가 잘못될 것 같다는 느낌에 자꾸 마음이 갑니다. 이렇게 사는 것은 틀렸고, 자신은 결국 정말로 원하는 것을 하면서 살 수 없을 거라는 확신도 피어오릅니다. 여기서 더 아등바등해 봤자 달라질 것은 없고, 이 사방의 벽을 뛰어넘을 수 없을 것이라는 생각 말입니다.

아마도 전문가를 찾기 전 몇 주 혹은 몇 개월 전부터 이렇게 까마득한 기분이 시작됐을 것입니다. 감정의 흐름이 들쑥날쑥하고, 손가락 사이로 모든 에너지가 빠져나가는 것 같고, 두통과 속앓이를 달고 살거나, 도통 잠을 못 자기도 합니다. 아침이 오는 것이 두렵고, 밤이 되어 혼자가 되는 시간은 더욱 괴롭습니다. 그러면서 얼마에 한 번씩은 자신도 모르게 툭, '나 아무래도 슬럼프인가 봐!' 했을 것입니다.

그런 분들을 위해서 책을 썼습니다. 우리가 삶을 가리키며 쓰는 단어이기도 한 '기쁘고 환하고, 즐겁고, 빛나고, 아름다운' 상태에서 점점 벗어나고 있는 분들이 있습니다. 이전의 나와 확연히 달라진 여러 표식들이 있는데, 그 신호를 제때 보지 못하면서 점점 더 깊은 고통 속으로 들어가고 있는 분들이 이 책을 봤으면 합니다. 모든 문제가 그러하듯 슬럼프도 초기에 발견하고 빠져나오는 것이 나중보다 훨씬 수월합니다.

슬럼프에서 벗어나는 것은 일련의 문제 해결 과정과 다르지 않습니다. 문제 해결을 위해서는 문제와 연관되어 있는 상황과 그 상황에 놓여있는 나 자신을 조사해야 합니다. 내가 무언가에 걸린 기분이라면 그만한 이유가 있을 것입니다. 직장에서 견디기 힘든 압박을 겪었거나, 중요한 시험에 실패했거나, 사랑을 잃었을 수도 있습니다. 가족과 큰 갈등에 휩싸이거나, 중요한 인물로부터 배반을 당했거나, 힘든 병에 걸렸을 수도 있습니다. 이와 같이 각자가 자신이 처한 상황을 실제 그대로, 현실로 바라보는 것이 모든 문제 해결의 시작점입니다.

그 다음은 현 상황에서 '나는 진정 무엇을 보고 있는가?' 하는 지점으로 넘어와야 합니다. 세상에 엄밀한 의미의 '실제'는 없습니다. 모든 '실제'는 다 개인의 지각 체계를 통해서 그의 뇌에 '등록된 사실'입니다. 지각 체계는 개인의 특성과 경험의 역사를 통해 각기 다르게 구축됩니다. 따라서 우리는 서로 각기 다르게 현실을 경험합니다. 동일한 상황에서 내가 슬럼프를 겪는다고 해서 나의 친구나 옆의 동료가 같은 경험을 하지 않습니다. 슬럼프의 주인공은 남이 아닌 자기 자신, 바로 '나'라는 것! 슬럼프를 해결하는 과정 중의 핵심은 내가 나 자신을 제대로 아는 일입니다.

"어찌하여 이 상황이 나를 이토록 힘겹게 하는가?"

이 질문에 대한 답을 찾아 나가는 여정이 곧 슬럼프를 극복하는 과정일 것입니다. 이 시점에 무엇보다 중요한 한 가지가 있으니 그건 슬럼프에 빠진 자신을, 그래서 해결을 시도하는 자신을 지극히 친절하고 따뜻하게 대해야 한다는 것입니다. 슬럼프에 빠졌다는 것이, 지금껏 무엇을 잘못했고, 무엇이 부족하다는 표시는 아닙니다. 남들보다 열등하고 판단력이 부족하고 운이 없다는 증거도 아닙니다. 그러니 과거를 후회하고 자책하면서, 미래 또한 부정적 감정으로 귀결시키지 말아야 합니다.

슬럼프는 삶의 어느 국면에 누구에게나 찾아오는 그저 그런 손님이라고 보는 편이 맞습니다. 언제, 어디쯤, 그 시기에 개인차가 있을 뿐입니다. 그러니 손님이라고 생각하고 요란하지 않게, 그저 본인이 할 수 있는 선에서 성의껏 따뜻하게 대응할 일입니다. 한 번 손님치레를 하고 나면, 요령도 생기고 자신감도 붙습니다. 우리 삶도 꼭 그러할 것입니다.

자신의 상황이나 진짜 모습과 마주했을 때, 어디에도 답이 없는 것 같을 수 있습니다. 도망치거나 숨을 곳이 없다는 것 또한 인정해야 합니다. 그런 기분이 들수록, 일상을 유지하면서 아주 사소한 한두 가지 즐거움을 만들고, 꼭 쥐고 놓지 맙시다. '무슨 짓을 해도 아무것도 달라지지 않는다'라는 속삭임에 현혹되지 말고, 작고 쉬운 긍정적 행동을 관찰하고 모색하며 변화를 시도해야 합니다. 그런 여정에 이 책이 작은 도움이 되기를 바랍니다. 슬럼프는 인내와 친절이 필요한 삶의 순간일 뿐입니다. 긴 터널일지라도 맞는 방향이라는 결정이 섰다면 계속 가면 됩니다. 가다 보면 어느 모퉁이에 예상치 못한 출구가 마련되어 있을 것입니다.

한 기연

CONTENTS

PROLOGUE_ 슬럼프는 언제든, 누구에게나 올 수 있습니다 **004**

Part 1. 슬럼프란 무엇일까요?

‘이 무기력의 정체는 도대체 뭘까요?’ **013**

‘제가 슬럼프에 빠졌다고요?’ **017**

‘어려움 없는 삶을 살고 싶을 뿐인데요?’ **020**

‘제가 왜 슬럼프에 빠졌을까요?’ **025**

Part 2. 당신이 이런 사람이라면, 슬럼프에 빠지기 쉽습니다

나 자신, 자기감이 없는 사람

‘착한 사람’이 자신을 망칩니다 **035**

남들을 이겨야 산다?! 그 승리엔 당신이 없어요 **041**

타인의 기대와 평가가 곧 당신 자신은 아닙니다 **047**

삶을 ‘하고 싶다’로 채워야 합니다, ‘해야 한다’가 아니라 **051**

일상이 일상답지 않은 완벽주의자

당신의 일상이 악몽 같나요? **057**

일하기 싫다고요? 실수할까 봐 두려운 거예요 **062**

완벽하게 한다는 것은 미신입니다 **066**

쉬는 건 선택이 아니에요, 필수 사항이에요 **070**

감정을 표현하지 않고 억압하는 사람 _____

화를 참고 이성적이어야 어른?! 결국 폭발합니다   075

의존하지 않으면서 친밀감 느끼기는 불가능합니다   086

감정은 숨기는 것이 아니라 표현하는 것입니다   097

진짜 감정, 진짜 주제를 이야기하세요   104

과거의 상처에 머물러 있는 사람 _____

사랑, 세상에서 왜 가장 힘든 일일까요?   115

'오직 그 사람'이라는 환상 속에 있지 않나요?   124

연인은 당신의 부모가 아닙니다   137

당신은 연인의 부모가 아닙니다   145

똑같은 드라마의 주인공은 그만하세요   151

Part 3. 슬럼프에서 빠져나오는 법

나, 자기감 찾기 _____

지금의 자신을 의식하세요   161

SOLUTION 1_ 꿈으로 나 자신을 이해하는 법   169

남보다는 나를, 자식처럼 친구처럼 바라보세요   177

SOLUTION 2_ 상처로부터 자유로워지는 법   186

이기주의자? 자신을 회복하는 자기주장!   194

SOLUTION 3_ 나를 지키는 법   202

현재로 돌아오기 _____

'지금 현재'에 몰입하세요   211

SOLUTION 4_ 실천, 몰입, 열정의 연결고리   219

자신이 원하는, 행동을 이끄는 소망을 찾으세요   223

SOLUTION 5_ 소망 찾는 법   232

EPILOGUE_ 당신의 후원자는 바로 당신 자신입니다 237

Part 1

슬럼프란
무엇일까요?

'이 무기력의 정체는
도대체 뭘까요?'

집에 들어서기 무섭게 습관적으로 TV를 켜거나 컴퓨터를 켜는 사람들이 있습니다. 중요한 메일을 확인해야 한다거나 특종 뉴스가 발표된 날이어서가 아닙니다. 그냥 매일 하는 행동입니다. 이런 행동을 하는 사람 중 일부는 자신의 인생이 어디로 흘러가는지 직면하고 싶지 않거나 자신만의 생각을 마주하길 두려워합니다. 차라리 실체가 분명한 외부의 방해자가 있는 게 훨씬 낫습니다. 그 대상이나 상황을 탓하고 분개하느라 한동안은 내면에서 끊임없이 솟아오르는 걱정거리와 불안에서 벗어날 수 있으니까요.

슬럼프란 스스로에게 끊임없이 거짓말을 하고 있는 상태이자 스스로를 합리화시키느라 진이 빠진 상태입니다. 내면에서는 인정하고 싶지 않은 자기 모습을 똑바로 보라고 외치지만 그러기가 너무 고통스럽습니다. 먼저 몸이 피곤하고 지치지요. 피곤하고 지친 몸에게 중요한 일이란 그다지 없습니다. 자신의 문제점, 부정적인 면, 개선할 면을 보는 것은 뒷전입니다. 차라리 몸의 어딘가가 뚜렷하게 아프다면 훨씬 마음이 편할 수 있다고 생각합니다. 아픈 것은 분명 고통스럽지만 고단하고 지친 일상의 반복을 깨버리는 계기가 되어주니까요. 아프면 아픈 것만 생각하면 되니까요.

:(
괜찮다고 거짓말을 하고 있었을지 몰라요

늘 자신은 제자리이고 무기력하며 무가치하다고 느끼는데 막상 그것이 무엇 때문인지에 대해서는 둔감합니다. 같은 일을 반복하면서도 뭔가 변화를 바랍니다. 심지어 시간이 지나면 저절로 다 좋아지고 제자리를 찾을 것이라고 여기기도 합니다. 여기서 더 나아가 보면 어쩌면 슬럼프는 정신의 아픔일 수 있습니다. 당신은 지금 정신의 감기에 걸렸거나 피로가 잔뜩 쌓여, 뭐라도 어떻게 해 보라는 신호를 받고 있는 건지도 모릅니다. 그 신호에 멈추어 서서 주목한다면 더 큰 병으로 진행하지 않을 수도 있겠지요. 반대로 마음 속 가득히 걱정거리를 안은 채로, 그렇지 않은 척하다가 한순간에 실족해 버릴 수도 있습니다. 사실 그들의 문제는 바로 지난달, 6개월 전, 아니면 1년 전에 생긴 것이 아니라 쭉 잠재되어온 것일 수 있습니다. 잠재되어 있던 무엇인가가 도화선이 되어 슬럼프라는 결과물로 나타나는 데는 외부의 스트레스가 한몫합니다. 스트레스를 마주할 때 우리는 설명하기 어려운 온갖 불편한 심정들을 경험합니다. 두려움이나 욕구 불만, 자기 비난, 죄책감 같은 것들에 한꺼번에 휩쓸리게 됩니다.

슬럼프는 엄청난 스트레스 상황에서 큰 압력을 겪어 사고와 행동이 경직되고 막혀 버리는 상태입니다. 또는 지나치게 감정이 분출해 마음의 사이클에 혼동이 생기는 상태입니다. 어떤 사람이나 사건을 접했을 때, 정상적인 상태라면 일단 그것이 무엇인지 알아차리고 에너지를 모아 어떤 행동을 하며 대응할 것입니다. 그리고 그 대응이 끝나면 만족하면서 그 자극에 대한 행동을 마치고, 다시 다른 것을 경험합니다. 살아 있는 모든 생명체가 이런 과정을 거칩니다. 다른 동물들의 최우선 목표도 결국 환경에 잘 적응해 욕구를 충족시키는 것입니다.

한 학생이 시험공부를 한다고 가정해 봅시다. 그는 열심히 책을 보면서 이해하고 암기를 하는 중입니다. 그 순간 학생의 모든 에너지는 눈앞의 정보를 처리하는 데 씁니다. 그러다 어느 순간 배가 고프다는 것을 느낍니다. 이제 시험공부보다는 배고픔을 해결하는 것이 최우선 과제가 되고 거기에 에너지를 쓸 것입니다. 아마 배고픔을 해결하지 않고 다시 시험공부에 전념할 수는 없을 것입니다. 그 과정들 모두 우리가 의식하지 못하는 사이에 자동적으로 이루어지는 것 같지만 사실은 그렇지 않습니다. 우리는 여러 자극을 놓고 판단하여 그때 할 수 있는 행동 중에서 가장 적합한 것을 골라 행합니다.

하지만 만약 슬럼프 상태라면 어떨까요? 쉽게 짐작할 수 있습니다. 강력하게 솟구치는 두려움과 욕구 불만, 자기 비난, 죄책감 같은 불편한 심정들을 억누르는 데 온 힘을 쏟을 것입니다. 자연히 현재 일어나는 사건이나 사람에 집중할 수 없습니다. 결국엔 그 상황에서 벗어날 수 있는 방안들을 찾을 능력도 잃습니다. 자신이 지금 느끼는 게 무엇인지, 무슨 일이 일어났는지, 무엇을 할 수 있는지를 모르기 때문에 좋은 방법을 선택할 수도, 행동으로 옮길 수도 없습니다. 이것이 바로 우리가 흔히 말하는 '슬럼프'입니다.

'제가 슬럼프에 빠졌다고요?'

스트레스와 압박감을 느끼고 마음이 정상적인 사이클에서 벗어나는 상태가 한꺼번에 일어나는 것은 아닙니다. 한 사람에게서도 어떤 때는 좀 심하게 나타나기도 하고, 어떤 때는 가볍게 넘어가는 때도 있습니다. 혹은 같은 내용으로 슬럼프를 겪어도 누구는 정도가 훨씬 심하고, 다른 이에게는 덜하기도 합니다. 당신이 느끼는 슬럼프는 어느 수준인가요? 슬럼프의 단계에 따라 조치가 달라집니다.

1단계 슬럼프 _

뭔가 그냥 넘길 수 없습니다. 신경이 쓰이면서 혼란스럽게 느껴지는 사건을 겪습니다. 분명치는 않지만 기분이 저조해지면서 뭔가 잘못되었다는 막연한 기분이 듭니다. 억울하기도 하고 수치스럽기도 하고 불공평한 일을 당하고 있는 것 같습니다. 짜증이 나면서 어떤 사건이나 일, 사람에 대해 생각하고 싶지 않습니다. 이 상태에서 헤어나려고 산책을 하거나 목욕이나 운동을 해 보기도 하고 미친 듯이 청소나 빨래를 하기도 합니다. 누군가와 수다를 떨기도 하고, 술을 한 잔 하는 등 나름대로 방도를 취해 봅니다.

2단계 슬럼프 _

여전히 분하고 억울한 기분이며 자신이 무엇인가를 크게 잘못했다는 생각에서 벗어날 수가 없습니다. 평소처럼 생각하기 어렵고 중얼중얼 혼잣말을 하거나 배나 머리가 아픈 신체 증상도 생깁니다. 기운이 빠지고, 하고 싶은 일도 없으며 무엇을 해야 좋을지 모르는 심정이 됩니다. 분명 화가 나는데 구체적으로 무엇을 향한 화인지, 누구를 향한 것인지 잘 모릅니다. 막연하지만 '일이 왜 이렇게 안 되나.' '사람들은 왜 나를 몰라주나' 싶어서 속상하고 분노는 더욱 깊어지며 무력감이 더욱 커집니다.

3단계 슬럼프 _

분노가 더 강하게 치밀어 오르고 모든 일에서 전부 실패했다는 느낌과 버림받으면 어쩌나 하는 걱정에 절망합니다. 집중력이 떨어져 일의 능률이 오르지 않고 잠을 못 잔다거나 꼼짝 못하도록 뭔가에 붙들린 기분입니다. 그렇다고 해서 해결책을 찾거나 세세한 계획을 세우는 등 그 일과 관련 있는 것들을 생각하지 않습니다. 차라리 외면하거나 숨을 궁리를 하지요. 세상과 단절된 느낌에 극단적인 상상을 하거나 자신을 경멸합니다. 방향이 없는 분노와 심각한 수치심을 느끼며 고통스러워합니다.

현재 슬럼프에 빠진 사람 스스로 이 세 단계 중 자신이 어디에 속하는지 알기 어렵습니다. 좋지 않은 상태인 건 분명한데 그것이 무엇인지 기꺼이 '알아보려'는 일은 굉장히 어렵습니다. 대충 불편한 일로 치부하거나 "사는 게 다 그런 거 아니냐."며 애써 넘겨 버리지요. 왜 그럴까요? 그것은 수치심을 느끼고 싶지 않다는 생각과 맞닿아 있습니다. 문제가 되는 사건이나 사람과 맞닥뜨리기보다는 모른 척하며 관계를 끊어 버리는 것이 힘을 회복하는 방법이라고 생각합니다. 심지어는 그것이 복수라고 생각하기도 합니다.

　이렇게 관계를 끊어버리거나 상황에서 벗어나는 것으로 마무리할 수 있는 상태라면 얼마나 다행일까요. 슬럼프에 대해 고민할 필요도, 벗어나려는 노력도 필요 없을 테니까요. 현실은 그렇지 않기 때문에 슬럼프에 빠집니다. 관계를 끊어 버리기 힘든 사람, 이를테면 가족이나 배우자, 자식이나 사표를 던질 수 없는 직장, 무시할 수 없는 거래처, 피할 수 없는 전공 교수 같은 관계가 분명 있기 마련입니다. 그런 면에서 슬럼프는 그 자체가 진퇴양난입니다. 앞으로 나아가자니 상황이 나아질 것 같지 않고, 뒤로 물러서자니 관계가 단절되거나 원수가 되어서 현실적으로 큰 손해를 입을 수 있습니다. 하지만 상황을 이렇게 두 가지로 단정 짓는 것은 슬럼프에 빠진 사람이 자신의 역할을 뺐기 때문입니다.

　'나는 지금 죽도록 힘든 상황에 처해 있다(혹은 그런 사람과 함께 있다). 상황이(사람이) 달라지면 모든 것이 해결되겠지만 제기랄, 상황(사람)은 변하지 않는다. 그러니 내가 뭘 어떻게 할 수 있겠는가? 슬럼프에 빠져 있는 게 당연하지 않은가?'라고 생각하고 있나요. 당신은 슬럼프에 빠졌습니다.

'어려움 없는 삶을
살고 싶을 뿐인데요?'

　　"내 인생에는 절대로 문제가 있어서는 안 돼요." 타인에게 이런 말을 듣는다면 어이없을 것입니다. 하지만 실제로 많은 사람들은 '자신에게만은' 어려움이 있어서는 안 된다고 생각합니다. 스트레스를 줄 것 같은 일이면 처음부터 쳐다보려 하지 않는 사람도 많습니다. 여기서 말하는 스트레스는 무엇일까요? 스트레스는 내 인생에 변화를 가져 오는 사건들의 합(合)으로 볼 수 있습니다. 현재 자신에게 문제가 있다는 것을 인정한다면 달라져야 할 것이고, 달라지기 위해 무언가를 해야 합니다. 그 와중에 오는 스트레스는? 당연히 감수해야 합니다.

　　어떤 이들은 그 과정을 원하지 않습니다. 오로지 지금 상태를 유지하는 게 자신이 할 수 있는 최선인 것만 같습니다. 이는 결국 자신을 자기만의 세계에 고립시키고, 자신을 둘러싼 환경과 상황을 조절할 수 없게 됩니다. 아무것도 하지 않으면 모든 상황이 그대로 고정될 것이라는 생각. 그건 또 얼마나 비현실적인가요. 개인 한 사람도, 또 개인들이 모여서 만든 집단도 그 자체는 하나의 유기체입니다. 늘 서로 부딪치고 합치고 갈등하면서 움직입니다. 나만 아무것도 하지 않으면 지금의 모든 것들이 그대로 고정될 것이라는 생각은 그야말로 단순한 발상입니다. 삶의 여기저기서 불쑥불쑥 만나는 사건들은 어떻게 해도 피할 수 없습니다. 그것은 내가 원하는지 여부와 전혀 상관없이 처리해야 하는 일들입니다.

우리는 업무상의 일보다 사적인 감정 문제에서 더 쉽게 안정감을 잃고 무능력한 사람이 되곤 합니다. 그 이유는 하나입니다. 쉽고 빠른 해결책만을 찾기 때문입니다. 회사의 대형 프로젝트에 수개월을 투자하는 것 등 공적인 일에는 시간이 걸리는 것을 당연하게 여기면서 배우자나 연인과의 갈등, 자녀 문제에는 그만큼 심사숙고하며 시간을 들이지 못합니다. 그러면서도 그 일은 내 능력 밖이요, 어쩔 수 없는 일이요, 상황이 나빠서, 상대를 잘못 만나서, 혹은 운이 없다고 변명합니다.

:(
눈을 가린 채 '문제 없다'고 안심할 건가요?

시간이 지나면 문제가 저절로 해결될 거라고 믿는 사람들이 있습니다. 그것은 마치 모래 속에 머리를 처박고 사냥꾼이 사라지기를 바라는 타조와 같습니다. 타조는 일단 아무것도 보이지 않으면 안심을 한다고 합니다. 사람은 이런 타조처럼 살 수는 없습니다. 삶은 유동적이고 늘 문제가 있기 마련이며 힘들고 어렵다는 것을 인정해야 합니다. 그러면 해결하지 못할 것이 없습니다. 우리가 슬럼프에 빠지는 대부분의 경우는 앞으로 무슨 일이 닥칠지 몰라서 입니다. 모래에 머리를 처박고 있지 않았다면, 제대로 보고 똑바로 알았다면, 슬럼프로 발전하지 않았을 것입니다.

슬럼프에 빠진 사람들이 해야 할 일은 '지금 하는 것'입니다. 지금까지 사소한 일을 처리하는 데도 필요 이상 시간을 끌었던 사람이라면 마감 시간을 정해 놓고 해 보세요. 정해진 시간에 일을 끝내려면 완벽성을 발휘할 수 없기 때문에 매우 어렵고 고통스러울 수 있습니다. '잘해야 해. 완벽해야 해' 하는 내면의 소리가 들릴 때 '아니, 이건 완성만 하면 되는 일이야'라고 생각해 보세요. 혹은 할 일이 너무 많아서 무엇부터 해야 할지 알 수 없다면 이렇게 해 보세요. 무조건 일 분 동안 해야 할 일 열 가지를 종이에 적어 보세요. 다 적고 보면 '우선순위가 뒤바뀌었고, 다시 적어야 겠다'는 생각이 들 것입니다. 이 생각에 지면 안 됩니다. 무조건 종이에 쓴 순서대로 하세요. 어차피 이도 저도 안 하고 미루던 일들이라는 것을 기억하고요. 그렇다면 무엇부터 해도 상관이 없고, 무엇부터 해도 안 하는 것보다는 낫습니다.

아울러 일을 마친 후에는 그것을 판단하려는 생각을 거부하고 오로지 시간을 맞춘 것에 대해 칭찬하세요. 다시 한 번 말하지만 어차피 전에는 하지 않고 미루던 일들입니다. 무엇보다도 중요한 것은 '했다'는 것입니다. 완벽성에 연연하는 한 슬럼프는 늘 가까운 곳에 있음을 유념해야 합니다.

슬럼프에 빠져 있거나 혹은 그 고통의 과정을 썩 잘 통과하지 못한 이들에게 앞선 문단처럼 '그럴 땐 이렇게 하세요' 같이 해법만 나열하는 방식도 어느 정도 가치는 있을 것입니다. 상사와 잘 지내는 법, 부하 직원 앞에서 품위를 유지하는 법, 화가 날 때 의사소통하는 법, 다른 별에서 온 남자와 여자가 서로 이해하는 법 등. 때에 따른 해법들이 쉽고 편하게 느껴지겠지만, 모든 상황을 예측하고 해법을 제시하는 것은 불가능하지요.

:(
당신의 생명줄은 당신이 쥐고 있습니다

인생은 거대한 거미줄과 같습니다. 수천수만의 일이 우연히 발생하며 서로 뒤엉킵니다. 기분 나쁜 사람을 만날 수도 있고, 당신을 싫어하는 사람과 함께 일해야 할 때도 있으며, 뜻하지 않은 실수를 할 수도 있습니다. 진행하던 일을 기획안부터 수정해야 할 수도 있고, 통째로 버리고 다시 처음부터 시작해야 할 수도 있습니다. 어느 때는 일이 잘되는 것 같다가도 어느 때는 또 눈앞이 깜깜해지는 때도 있습니다.

인생에는 우리가 관여할 수 있는 일보다 거의 개입할 수 없는 일이 더 많습니다. 세상의 오만 가지 일을 내가 통제할 수 없다는 데서 오는 좌절과 절망을 극복하지 못한다면 당신은 아직도 '부모의 애정이 곧 목숨인 아이'에서 자라지 않은 상태입니다. 다만 이제 부모 대신 상사가, 남편이, 교수가 그 자리를 대신하고 있을 뿐입니다. 당신은 이렇게 생각할 겁니다. '저 사람들은 내가 하는 일에 대해 비난하고 실수를 찾고 곧 화를 낼 것이다. 그러면 나는 어떻게 해야 할까?' 이에 대한 답은 사실 간단합니다. 잘못한 일이면 다시 하면 그만이고, 실수를 했다면 사과하면 될 일입니다. 그들이 당신을 잘 봐준다 해서 당신의 가치가 높아지는 것도 아니고, 못 봐준다 해서 바보가 된다거나 있던 능력이 없어지는 것도 아닙니다. 당신은 더 이상 젖먹이 아이가 아닙니다. 당신의 생명줄을 쥐고 있는 사람은 이제 하늘 아래 없습니다.

'제가 왜
슬럼프에 빠졌을까요?'

　　슬럼프에 빠진 당신은 늘 두 가지를 고려해야 합니다. 하나는 '나를 슬럼프에 빠뜨린 외적 상황', 다른 하나는 '슬럼프에 빠져 버린 나'입니다. 슬럼프의 외적 원인은 사람에 따라 혹은 때에 따라 다르지만 또 다른 한 축인 '나'는 항상 변함없이 '나'입니다. 따라서 '나'를 제대로만 볼 수 있다면 문제 상황을 회피하지 않을 수 있습니다.

　　슬럼프가 어디에서 오는지 알려면 나를 바라볼 수 있어야 합니다. '나를 본다'는 것은 곧 '나의 경험을 본다'는 것입니다. 오늘 내 마음은, 생각은, 심지어 내 표정과 태도와 성격은 그동안의 내 경험과 그것을 어떻게 처리해 왔는지에 대한 내 역사의 산물입니다.

　　제대로 처리하지 못한 경험들은 우리를 압박하고 불쾌하게 합니다. 씹지 않고 삼킨 음식처럼 소화도 배설도 되지 않고 그대로 똬리를 틀고 앉아 우리를 괴롭힙니다. 평소에는 크게 깨닫지 못하고 살아갑니다. 그러다 어느 날

갑자기 압력을 받는 사건이 일어났습니다. 그 사건이 똬리를 자극해 불쾌감을 준 것입니다. 똑같은 상황이나 사람이 누구에게는 끔찍한 압력과 충격이 되는데 또 다른 이에게는 아무렇지 않은 이유가 바로 여기에 있습니다. 하필 그 똬리와 그 사건이 열쇠와 자물쇠처럼 철커덕 맞게 되는 순간, '잘 처리하지 못한 과거'가 되살아나 현재의 아픔이 됩니다.

:(
슬럼프에 빠뜨린 외적 상황 vs 슬럼프에 빠져 버린 나

은영 씨는 다섯 살짜리 딸을 둔 30대 후반 가정주부입니다. 상담 신청서에는 '유리벽 속에 갇힌 기분, 손을 뻗어도 아무것에도 닿지 않는 느낌'을 내원 동기로 적었습니다. 남편과 함께 있든, 다른 사람과 함께 있든 혼자라는 느낌에서 벗어날 수 없다고 했습니다. 특히 아이를 돌볼 때 자신이 어떻게 하면 아이에게 좋을 것이라는 생각보다 유리벽 안에서 아무것도 안 하는 게 아이에게 가장 좋을 거라는 생각이 든다고 했습니다.

언제부터 그런 생각을 했느냐는 질문에 '기억도 아득한 옛날부터'라며 쓸쓸해했습니다. 왜 하필 오늘에야 치료하러 왔느냐는 물음에는 '아이 앞에서 남편과 다투는 횟수가 많아졌는데, 그러고 나면 아이한테 죽을 만큼 미안해져서 더 아무것도 못 하는 심정이 된다'고 대답했습니다.

그녀는 번역가로서의 일도 비교적 많았고, 남편은 중고생 과외를 하며 경제적인 안정을 찾아가는 중이었습니다. 하지만 그녀는 자신의 번역 일이 얼마나 하찮은지 한참 동안 설명했습니다. 아울러 남편의 직업 또한 불안정하고 별 볼일 없는 것으로 말했는데, 그것은 그녀의 삶의 태도와 관련 있는 것 같았습니다.

　그녀는 명문대를 우수한 학점으로 졸업했지만 단 한 번도 이력서를 내지 않았습니다. 그 이유를 묻자 각 직장의 어떤 면들이 마음에 안 들고 맞지 않아서였다고 말했습니다. 하지만 실상은 자신이 발가벗겨진 채 평가받는 기분을 견딜 수 없고 그리고 나서도 실패할 것을 생각하니 도저히 지원할 수 없었답니다. 남편에게도 그런대로 적응하며 다니는 회사에 대해 미래가 없다는 둥 일을 너무 시킨다는 둥 여러 불평을 늘어놓으며 그만두게 만들었습니다. 남편 회사에 대한 그녀의 불만은 사실 남편의 늦은 귀가를 견딜 수 없는 것이었습니다. 최근 남편과 싸움이 잦아진 것도 과외 학생 수가 늘면서 사무실을 얻어 독립하려고 하는 사안 때문이었습니다. 그녀는 남편이 눈에 안 보이면 불안하다고 했습니다. 남편이 바람을 피우면 어쩌나 하는 문제가 아니었습니다. 그보다는 자신이 기댈 곳이 없어지는 허전함과 관련 있는 것 같았습니다.

　그녀가 '기억도 아득한 옛날'이라고 말했던 불안의 시작은 초등학교 시절로 거슬러 올라갑니다. 부모님이 이혼하면서 그녀는 조부모와 3년을 살았습니다. 아버지의 계모였던 할머니는 이 손녀가 눈엣가시였던 모양입니다. 그녀의 기억 속 할머니는 너무너무 무서웠습니다. 그녀는 어린 나이에도 청소나 설거지를 하는 것은 당연했고, 먹고 싶은 것도 제대로 말하지 못했습니다. 어느 것 하나 잘한다는 소리를 들어 본 적 없었습니다. 하루는 외모로, 다음날은 말투로, 그 다음날은 성적으로 잔소리를 들었습니다. 가장 견딜 수 없었던 것은 '네 아버지는 사기꾼이고 네 엄마는 화냥년이다. 그래서 널 버린 거다'라는 말을 틈만 나면 들었다는 사실입니다.

학교에 가서도 행여나 아이들이 자신의 처지를 알게 될까 봐 마음 편한 날이 없었습니다. 어느 누구와도 마음을 터놓고 친해질 수 없었습니다. 늘 숨죽이며 눈치를 봤고 뭔지는 모르지만 항상 창피하다는 생각이 들었으며 버려진 휴지 조각 같은 기분이었습니다. 중고등학교 시절 아버지와 살게 되면서도 달라지지 않았습니다. 늘 외톨이로 지냈습니다. 자기처럼 얌전하고 힘없어 보이는 아이 한둘과 조용히 지내는 것이 전부였습니다. 그녀는 '어떻게 하면 더 이상 상처입지 않고 살 수 있는가'를 인생의 매 순간 고민했습니다.

고등학교를 졸업한 이후 그녀는 다시는 생각하고 싶지 않은 이성 관계를 세 번 겪었습니다. 세 번 다 서둘러 성관계까지 갖고 후회했는데, 상대에게 매달렸다가 버림받은 것으로 기억하고 있었습니다. 자신은 참 부족한 인간이어서 가까워지면 상대가 분명 실망할 것이라고 생각하는 여성들이 흔히 남자를 사귈 때 성관계로 관계를 고착시키려 할 때가 있습니다. 하지만 이런 태도가 도리어 자신감을 잃게 하고, 사람들 속에 섞이지 못하는 이유가 되고는 합니다. 자기 자신의 삶에 고립되어 있고, 은영 씨 스스로 변화를 일으키지 못하는 이러지도 저러지도 못하는 상태. 어쩌면 그녀의 삶 자체가 해결되지 않는 길고 긴 슬럼프 같았습니다.

:(
수치심에 빠지면 희망은 없습니다

은영 씨의 말 중에 자주 등장하는 단어는 '수치스러웠다'였습니다. 어릴 때는 부모와 할머니가 수치스러웠고, 자라면서는 자신의 처지와 자기 자신이 다 수치스러웠답니다. 꽁꽁 숨어 살고 싶은데, 나이가 들고 일을 시작하고 아이가 커가면서 관계는 자꾸만 늘었습니다. 사람들과 연결될 수밖에 없었습니다. 그녀에게 그것은 곧 자신의 수치스러움이 만인 앞에 공개되는 것이나 마찬가지여서 그 부담감을 견딜 재간이 없었습니다.

사실 우리 모두는 어느 정도 수치심을 느낍니다. 그런데도 우리 대부분이 수치심에 빠지지 않는 것은 그것이 자신의 전부는 아니라고 믿기 때문입니다. 이런 믿음은 자신을 지지해 주는 몇몇 사람에게 이해와 확인을 받고 안심하는 과정을 거치며 생깁니다. 하지만 스스로 그 수치심의 정도가 심각하다고 여기거나 그것이 자신의 전부라고 여기게 되면 아무에게도 이야기하려고 하지 않습니다. 그리고 그 수치심은 점점 커집니다. 결국엔 검증받을 기회도 없이 쌓인 수치심의 희생자가 됩니다. 수치심은 자신이 가면을 쓰고 있고, 다른 사람들이 그 가면 너머까지 낱낱이 보고 있다고 믿게 만듭니다. 자신이 무엇을 하든지 사람들은 그것을 알아차릴 것이고, 고치거나 도망칠 수도 없다고 믿습니다. 따라서 수치심에는 희망이 없습니다.

수치심이 많은 사람들은 특히 슬럼프에 자주, 그것도 오랫동안 빠져 있을 수밖에 없습니다. 그들은 타인에게 비판받을 때 아주 특별한 기제를 작동시키기 때문입니다. '저 사람은 지금 내가 한 일에 대해 지적하고 있구나!'라는 생각 대신 매우 자동적으로 '나를 지적하고 있다. 면박을 당했다. 창피하고 수치스럽다. 남들이 나를 우습게 본다. 내가 가치 없다는 뜻이니 굴욕스럽다'는 생각을 해 버립니다. 여기서 '자동적'이라는 말이 중요한데, 이것은 마치 바람을 타고 온 티끌에 순간적으로 눈을 감아 버리는 '반사' 수준과 다름없습니다.

앞서 상담실을 찾아온 은영 씨처럼 창피당하는 것을 죽음과 비슷한 고통으로 느끼는 것은 어린 시절을 수치심이 지배하는 가정에서 보낸 것과 관련이 깊습니다. "아무짝에도 쓸모없는 녀석!" "너 같은 게 커서 뭐가 되겠어?" "너만 보면 울화통이 터져!" "이 바보 같은 계집애!" "넌 우리 집안의 수치야!" "돼지같이 살만 쪄서는…." 이런 비난들은 아이들이 무엇을 달리 한다고 해서 피할 수 있는 게 아닙니다. 초기에는 자신은 잘못이 없다는 생각했을지라도 아이에게 부모(혹은 주 양육자)는 자신보다 훨씬 힘이 세고 전지전능한 존재입니다. 부모 없이 살아갈 수 있는 아이는 없으니까요. 따라서 아이는 부모에게 사랑받고 싶은 소망을 거부할 수 없습니다. 부모의 거부는 곧 생명의 위협으로 다가오고, 그들의 비난은 자신을 좋아하지 않는다는 뜻이자 버릴지도 모른다는 두려움을 줍니다. 그래서 부모의 말을 믿어야 하고, 시간이 지나면서는 그 말들을 스스로에게 주입시키면서 결국 부모의 눈으로 자신을 바라보게 됩니다. 은영 씨의 경우는 할머니의 말과 시선으로 자신을 바라보았을 테니, 자신은 추하고 기괴하고 나쁘다는 느낌으로 긴 세월을 살아왔을 겁니다.

이런 사람들은 자신의 어느 한 부분을 보는 일도, 아는 척하는 일도 사실은 다 부끄럽습니다. 자신에게 어떤 욕구나 바람이 있다는 것도 부끄럽습니다. 도움이 필요할 때도, 누군가를 사랑할 때도, 정상적인 성적 충동을 느낄 때도, 심지어는 슬프거나 즐거울 때조차도 다 부끄럽고 창피합니다. 지극히 정상적이며 필연적인 부분조차도 그 실체와 분리시킨 채 마치 아무 욕구가 없는 것처럼 굽니다. 느끼면서도 못 느끼는 것처럼 굴고, 슬프거나 상처를 입었을 때에도 자신은 괜찮다고 말합니다. 성적으로 아주 둔감한 쪽을 택하거나 아니면 힘든 느낌과 욕구를 피하기 위해 더욱 문란하게 굴기도 합니다. 이 모두가 자신의 생생한 부분들로부터 스스로를 잘라내는 것이어서 살아도 사는 것이 아닙니다.

슬럼프에서 벗어나기 위해서는 자신을 제대로 바라볼 수 있어야 합니다. 지금의 자신을 구성한 경험들, 특히 '잘 처리하지 못한 과거'를 돌아봐야 합니다. 앞으로는 본격적으로 슬럼프의 원천을 살펴볼 것입니다. 어떤 사람은 한두 개만 자기 이야기라 할 것이고, 또 어떤 사람은 모든 항목이 조금씩 자기 안에 있다고 느낄 것입니다. 당신이 만약 슬럼프에서 헤어나지 못하고 있다는 느낌이 들면 그것은 마음속의 원인을 알아차리지 못했다는 뜻입니다. 마음속에 새로운 공간이 생겨야 비로소 슬럼프에 대처하거나 그것을 덜어낼 가능성이 생깁니다. 그 '새로운 공간'은 자신의 엉킨 문제들을 풀어내야 생기는 영역입니다. 당신이 왜 삶의 충만함을 느끼지 못하는지, 왜 늘 공격받는 기분이 드는지를 알아 보세요. 거듭되는 당신의 슬럼프 속에 그 원인이 있습니다.

Part 2

당신이 이런 사람이라면,
슬럼프에 빠지기 쉽습니다

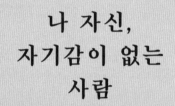

나 자신,
자기감이 없는
사람

'착한 사람'이
자신을 망칩니다

누가 봐도 호감형인 20대 중반의 지선 씨. 그녀는 어느 순간부터 하루 일과가 끝나면 어깨가 빠질 듯이 아프고 소화가 되지 않았습니다. 최근에 딱딱한 것을 씹을 수가 없어서 치과에 갔더니 "턱관절이 많이 상했네요. 무슨 스트레스를 그렇게 많이 받았어요?"라는 소리를 들었습니다. 스트레스. 그제야 그녀는 그 단어가 입안에서 오랫동안 맴돌았음을 깨달았습니다. 치과에서 돌아오는 길에 그녀는 상담 치료를 결심했습니다.

그녀는 전 직원이 네 명 정도인 작은 컨설팅 회사에 다니고 있었습니다. 그녀의 가장 큰 고민은 회사 내에서 자신의 위치를 찾는 것입니다. 경영학을 전공한 그녀는 전공과 관련된 업무를 할 거라고 기대하며 입사했습니다. 하지만 회사에는 자신보다 훨씬 나은 학력과 경력을 지닌 상사들이 있었습니다. 상사들은 그녀의 손이 닿기도 전에 모든 일을 다 처리했습니다.

그러다 보니 지선 씨의 주 업무는 총무와 사무 보조였습니다.

언제부턴가는 자신이 하는 일보다 훨씬 많은 돈을 월급으로 받고 있다는 생각에 괴로워지기 시작했습니다. 출근해서 퇴근할 때까지 상사들이 자신을 어떻게 보는지에 온 신경이 곤두섰습니다. 자신을 월급 루팡으로 여기진 않을지, 거래처 사람들이나 같은 복도를 쓰는 이웃 회사 직원들의 이목까지 하나하나 신경쓰였습니다.

"더 전문적인 일을 맡겨달라고 요구해 봤나요?" 물으니 그녀는 이렇게 답했습니다. "상사들이 보기에 제가 그런 일을 하기에는 실력이 부족하다고 판단해서 안 시키는 게 아닐까요? 상사들이 워낙 쟁쟁해서 제가 끼면 더 거추장스러워질 거예요." 일은 그렇다 치고 대인 관계에 대해 물었습니다. 한참을 머뭇거리던 그녀가 대답했습니다. "친구들은 많아요. 그런데 친구들을 만나도 저는 하나도 즐겁지 않아요." 즐겁지는 않은데 만나기는 하고, 먼저 만나자고는 하지 않는다고 했습니다. 핸드폰을 끄고 있거나 진동으로 해두었다가 번호를 확인하고 받지 않는 경우도 많다고 했습니다. 친구들이 보자고 하면 자기 스케줄과 무관하게 무조건 "응, 그래."라고 대답하게 되기 때문이었습니다. 그렇게 대답하고 나면 또 여러 사정을 맞추느라 힘이 들어 나가는 게 귀찮다고 했습니다.

막상 친구들은 그녀가 빠지면 재미가 없다면서 꼭 나오라고 챙긴다고 하니, 이건 또 무슨 상황일까요? 그도 그럴 것이 지선 씨는 무슨 말을 해야 상대방 기분이 좋을지를 늘 생각하고 말을 한다고 합니다. 반대로 정작 자신은 기분 나쁜 소리를 들어도 상대가 민망해할까 봐 괜찮은 척하고요.

:(

눈치가 빠른 당신, 정말 인내심이 뛰어난 사람일까요?

남의 부탁을 거절하지 못하는 사람이 있습니다. 그 사람에게만 부탁하면 해결 안 되는 일이 없을 정도입니다. 그 사람은 자신이 할 수 없는 일이어도 무슨 수를 써서라도 들어 주려고 하고, 어떻게든 해결 방법을 찾아 전해 주려는 사람이기 때문입니다. 하지만 막상 그렇게 애를 써서 해 주어도 상대방은 크게 감격해 하거나 고마워하지 않습니다. 상대방은 그저 자신의 부탁이 엄청난 것이 아니어서 흔쾌히 응했을 것이라고 생각하니까요. 그 사람이 그런 각고의 노력을 했으리라고 짐작할 수도 없습니다. 그러니 그저 조금 고마워할 뿐입니다. 부탁받은 사람은 남의 부탁을 거절하지 못하고, 고맙다는 말도 충분히 듣지 못하는 '사람 좋은' 사람입니다.

'사람 좋다'는 말을 듣는 이들의 공통점이 있습니다. 사랑받고 인정받으려는 욕구가 유달리 강합니다. 그만큼 타인이 자신을 싫어하는 것을 견딜 수 없습니다. 그래서 다른 사람들이 자신에 대해 어떻게 느끼고 생각하는지 귀신같이 알아냅니다. 즉, '눈치'가 매우 빠릅니다.

하지만 '사람 좋다'는 말에 매여 자신이 전혀 좋아하지 않는 사람의 부탁도 들어줘야만 한다고 여기면 이건 심각한 수준의 병입니다. 이런 사람들은 남들이 자신에게 친절하게 대하는 것도 받아들이기 힘겨워합니다. 꼭 보답해야 한다고 생각하기 때문입니다. 그러니 자기가 먼저 무엇을 해달라고 요구하지 못합니다. 자기주장을 해야 할 경우에도 괜히 일을 크게 만들거나 곤란한 일을 당하지 않을까 두려움이 앞섭니다. 이렇게 남의 눈치를 살피면서, 자신의 욕구를 억누르며 스스로 인내심이 뛰어나고 인격이 된 사람이라고 여깁니다.

사실 '강박적'으로 남의 사정을 살피고 겸손한 사람 내면에는 자신이 남보다 못하다고 여기는 마음이 있습니다. 이들은 '남의 부탁을 거절하면 싫어하지 않을까?'라는 걱정을 자주합니다. 남에게 어떤 부탁을 했는데 거절당한다면 기분 좋을 사람은 없을 겁니다. 하지만 곧, 대부분의 사람들은 '그래? 무슨 사정이 있나 보지?'라며 대수롭지 않게 넘기지요. 만약 상대방이 마치 커다란 모욕이라도 받은 것처럼 민감하게 반응한다면 그건 그 사람의 문제입니다. 그 상대방에게도 해결하지 못한 마음의 문제가 있는 것입니다. 거절당한 것을 아무렇지 않게 여기는 사람과 모욕을 당한 것처럼 여기는 사람, 이 양극단에 다양한 유형의 사람이 있습니다.

자기신뢰가 낮아 슬럼프를 겪는 사람들은 세상 사람들을 딱 두 유형으로 나누어 봅니다. 좋아하는 사람과 좋아하지 않는 사람. 한 발 더 나아가 사물이나 사건도 모두 흑백 논리로 봅니다. 조금만 부정적이어도 '전체가 다 엉망'이라고 생각합니다. 중간이 없습니다. 그러니 거절에 대한 의미도 매우 무겁습니다. 의견 일치가 안 될 때도 어쩔 줄을 모릅니다. 그럴 수도 있는 일이라고 생각하지 못합니다. 그의 입장에서는 반드시 둘 중 하나는 옳고 나머지 하나는 틀리기 때문입니다. 세상일은 그렇게 둘로만 나뉘지 않죠. 세상은 양쪽 끝만으로 이루어지지 않습니다. 끝과 끝을 이어 주는 무수한 중간들이 있지요.

정말로 하기 싫다면 싫다고 말하면 됩니다. "No."라고 말하고 싶을 때는 "No."라고 하면 됩니다. 남들은 당신처럼 생각하지 않습니다. 또 당신이 걱정하는 부류의 사람들이 세상에 그리 많지도 않습니다. 게다가 그런 부류의 사람들이 모두 당신 주위에 모여 있지도 않습니다.

:(
어른이 되어서도 당신 생명줄은 타인에게 있나요?

아기가 귀여운 이유는 성장할 때까지의 시간이 길기 때문이라고 합니다. 오랜 시간 동안 돌봄을 받기 위해서는 예쁘고 귀여워야 한다는 것이지요. 아기는 어른이 돌보아 주지 않으면 생명을 이어 갈 수가 없습니다. 귀여운 외형으로 돌봄을 받으며 아기는 자랍니다. 아이가 뭔가를 잘하고 예쁜 짓을 해서가 아니라 그저 존재한다는 그 이유 하나만으로 충분한 관심과 돌봄을 받게 되면 어떨까요? '내가 괜찮은 사람이구나! 가만히 있어도 난 중요한 사람이구나! 예쁜 짓을 해야만 가치가 있는 것이 아니구나!' 아이는 서서히 이런 확신을 합니다. 그 확신들이 모여 곧 자신에 대한 신뢰감으로 발전하고요. 어린 시절에 신뢰감을 세우지 못하면 어른이 되어서도 마치 다른 사람들이 자신의생명줄을 쥐고 있는 것처럼 행동을 합니다. 눈치를 보고 자신이 뭘 해야 예쁨을 받을 수 있는가 살핍니다.

자아가 건강하지 못하면 현실에서 일어나는 일을 있는 그대로 인식하지 못합니다. 다른 사람에게 친절을 베풀 때도, 다른 사람의 친절을 받을 때도 상황을 '곧이곧대로' 보지 못합니다. 모든 것을 자신에 대한 다른 사람의 기대와 평가로 바꿔서 생각하고, 그것으로 자신의 가치를 정하기 때문입니다. 반대로 주위의 시선과 평가로부터 자유롭다는 것은 정신 건강이 아주 높다는 것을 나타냅니다. 사람은 누구나 자신이 원하는 것이 있습니다. 그것을 표현하고 안 하고 또는 그것들을 어떻게 표현하는지가 곧 자신의 가치를 어느 정도 생각하는지와 관련되어 있습니다.

남들을 이겨야 산다?!
그 승리엔 당신이 없어요

"회사 생각만 하면 미치겠어요. 가슴이 마구 조이고 불안해요." 한 외국계 회사에서 대리로 근무하는 현아 씨는 본인의 부서뿐만 아니라 회사 내에서도 두루두루 친한 사람이 많았습니다. 지방 대리점에서도 골치 아픈 일이 있으면 그녀를 찾을 만큼 인정을 받는 직원입니다. 하지만 최근 상무가 새로 부임하면서 심경이 복잡해졌습니다. 그녀를 전폭적으로 지지해 준 이전 상무와 달리 새로 온 상무는 직책의 상하 관계를 중요시하고, 성차별을 했습니다. 상무는 남자 후배에게 일을 시키거나 물어 보는 일이 잦았는데, 그럴 경우 다시 그녀를 통해야 되는 일이 많았습니다. 그럴 때마다 현아 씨를 칭찬하고, 매사에 적극적이고 주도적인 그녀를 인정하는 척하면서도 한편으로는 경계하는 느낌을 주었습니다.

현아 씨는 불안했습니다. 후배가 상무 방에 들어가면 무슨 말을 주고받는지 궁금했고, 자신의 기획안에 대해 하나라도 지적받으면 자신을 싫어해서

트집을 잡는다고 생각했습니다. 심지어 후배와 상무의 대화 내용이 궁금해 도청하는 상상도 했다고 합니다. 급기야는 후배가 먼저 승진을 하면 어쩌나 하는 생각에까지 다다라 회사가 점점 지옥으로 변해 가고 있었습니다.

:(
'유치한 감정'이 숨어있을지도 몰라요

우리를 슬럼프에 빠뜨리는 대표적인 심리 상태는 경쟁심과 시기심, 질투심과 부러움 같은 것들입니다. 우리는 나에게는 없는데 타인은 갖고 있는 것, 나는 못하는데 남들은 잘하는 것을 시기하고 질투합니다. 내가 갖고 있는 것을 남도 갖고 있다면, 내 것은 바로 빛을 잃어버리기도 합니다. 왠지 그가 더 많이 가진 것 같고, 나도 할 수 있기는 한데 그가 더 잘하는 것만 같습니다. 그 사람의 능력, 애인, 자동차, 집, 행운, 자유 등 부러워하는 것에는 종류도, 범위도 정해져 있지 않습니다.

사실 나보다 더 많이 가진 사람을, 더 능력 있는 사람을, 외모가 더 뛰어난 사람을 보고 부러워하는 것을 건강하지 않다고 말할 수는 없습니다. 잠시도 흔들리지 않는다면 매우 훌륭하겠지만 우리 모두가 도 닦는 사람들이 아닌 바에야 다양한 환경과 사람들은 우리의 숨겨진 소원과 이루어지지 않은 소망들을 건드리는 법이지요. 그렇다고 모두가 이것 때문에 슬럼프에 빠지지는 않습니다. 그것이 도를 넘어서 마음을 상하게 하고, 가지지 못한 자신을 비하하고 실패자로 취급하는 지경에 이르면 슬럼프가 시작됩니다.

현아 씨는 여러 해 동안 후배와 좋은 팀워크로 즐겁게 일했습니다. 하지만 새 상무가 부임하면서 자신보다 후배가 더 애정을 받는다는 느낌이 들자 회사는 지옥으로 변했습니다. 후배는 얼마 전의 후배가 아닌 것 같고, 자신만만했던 회사 생활은 눈치가 보이기 시작했습니다. 남들이 자신을 어떻게 보는지 촉각을 곤두세웠습니다. 일의 능률은 떨어지고 실수도 잦아지고 있으니 그녀의 상상대로 후배가 먼저 승진할지도 모를 일입니다.

누가 봐도 자신감이 넘쳤던 그녀는 어디로 갔을까요? 그녀는 자신에게 이런 '유치한 감정'이 있는 줄 몰랐다고 했습니다. 하지만 어린 시절부터 줄곧 그녀를 성공 가도로 이끌어 온 것은 그 '유치한 질투심'이었을지도 모릅니다. 다만 이제까지는 자각할 필요도 없었던 것일 뿐이지요. 그녀의 자신감은 자신의 내면에 뿌리를 둔 것이 아니라 선생님의 칭찬이나 친구들의 부러움, 좋은 성적과 성공적인 취직이 잠깐씩 지탱해 주었던 것입니다.

:(
'남과의 비교' 뒤에 당신의 진짜 감정은 무엇인가요?

이번에 상사라는 기둥이 흔들리면서 그 근원이 드러났습니다. 상담을 통해 그녀는 지난 시간들을 돌아보면서 이번 사건과 유사한 기억들을 많이 떠올릴 수 있었습니다. 되짚어 보니 그녀는 '이겨야 사는 사람'이었습니다. 승부

욕이 강해서 이기기 위해서라면 어떤 대가라도 기꺼이 치렀고, 일의 결과와 타인의 평가에 집착하느라 늘 바빴습니다. 성공과 실패가 인생 자체를 대변한다고 믿었으며, 심지어 단순한 게임에서도 이기지 못하면 의기소침했습니다.

만약 새로 부임한 상무가 그녀와 후배 모두에게 냉정하게 대했다면 상황은 어땠을까요? 자신에게 적절한 대우는 아니라고 여겼을지언정 그렇게 자존심이 상하지는 않았을 겁니다. 그리고 그녀가 후배의 입장에 서 본다면 상무님이 불공평하게 유독 후배를 편애한다고 여길 가능성도 낮을 것입니다. 여러 경우의 수들을 살펴보면, 그녀가 겪는 상황은 실제 일어난 사건이라기보다 현아 씨가 '어떻게 바라보고 인식하느냐'에 달려 있습니다.

우리는 '타인'이라는 거울을 여러 가지 용도로 사용합니다. 거의 대부분이 부정적인 목적들입니다. 그중 하나가 가상의 자기만족을 위해 사용하는 경우입니다. 예를 들어 실질적으로 자신은 발전한 것이 없는데, 남과 나를 비교하면서 자신이 발전한 것처럼 생각합니다. 또는 상대방을 평가 절하하면서 자신의 현재 모습에 만족하고 안주하려고도 합니다. '그래도 저 사람보다는 내가 낫지.' '남들도 다 저러는데 나라고….' 하는 식입니다.

끊임없이 남과 자신을 비교하는 것은 자신의 삶에 성취감이 적기 때문입니다. 이들에게 세상은 전쟁터이거나 경기장이어서 일정 단계가 되면 승자와 패자가 갈립니다. 모두가 승리하거나 행복할 수는 없다고 생각합니다. 그리고 다른 사람의 실패는 곧 나의 행운이고 성공이라고 생각합니다. 남이 눈부시게 성취했다면 난 실패자라는 말입니다. 두 사람의 득실을 합하면 항상 제로가 되는 제로섬 게임입니다. 하지만 실제 인생은 제로섬 게임이 아닙니다. 그런 시각으로 세상을 본다면 얻을 수 있는 것은 없습니다. 다른 사람이 한 발자국 뒤로 물러서면 나는 앞으로 나간 것처럼 보이지만 사실 그렇지 않습니다.

남과의 비교에 유혹을 느낀다면 그 이면에 숨은 자신의 진짜 감정이 무엇인지를 살펴보세요. 단지 위안을 얻기 위해서인지, 도저히 따라하지도 못할 인물과 비교하여 자신의 목표를 아예 포기하려는 것인지, 그것도 아니면 '저 사람은 저것을 잘하지만 난 이걸 잘해'라는 식으로 은근히 그 사람을 주저앉혀서 자신이 괜찮은 사람임을 확인하려는 것인지…. 배후에 숨은 자신의 의도와 감정에 주의를 기울이는 순간, 뭔가 달라지는 느낌이 있을 것입니다. 만약 자신을 정말로 부족하다고 여기는 거라면 굳이 다른 사람을 통해 판단하지 않아도 됩니다. 자기 약점은 스스로 가장 잘 알고 있을 것이니 그대로 인정하면 됩니다. 다른 사람을 질투할 까닭도, 폄하시킬 필요도 없습니다.

똑똑하고 대찼던 대학 시절에 비해 지극히 '평범하게' 살고 있는 자신의 삶이 초라해서 우물거리는 내담자가 있었습니다. 그가 말하는 '평범함'은 작은 평수의 아파트와 배우자의 내세울 것 없는 직업으로 요약되었습니다. 그는 동창회에 뜸하게 나간다고 했습니다. 아예 발을 끊으면 동창회에 안 나오는 것에 대한 안 좋은 소리가 날까 봐 바쁜 척 하면서 몇 번에 한 번꼴로 나간다는 것입니다. 그의 핵심 문제가 그럭저럭 해결되어 갈 무렵, 마침 동창회에 다녀왔다고 했습니다. 다른 때 같으면 피곤하고 예민했을 시간인데, 이번에는 편안하게 아무 일 없이 보냈답니다. 그리고 살짝 웃음을 비치면서 경전의 한 구절 같은 말을 했습니다. "남의 인생을 들여다볼 필요가 없더군요. 남의 인생을 볼 것도 없고, 내 것을 보여줄 것도 없고…." 그는 슬럼프에 잘 빠지는 '자격 조건'을 상당 부분 반납했다고 봐도 되겠더군요.

타인의 기대와 평가가
곧 당신 자신은 아닙니다

    우리의 일상은 일이라고는 할 수 없지만, 기대나 의도에 따라 해내야 할 것 같은 상황들이 꽤 많이 있습니다. 이를테면 연장자나 상사를 대접해야 한다든가, 시기에 따른 연인 간 애정 표현이라든가…. 암암리에 해야 할 일들로 알려져 있지만 의무는 아닙니다. 하지만 어떤 사람들은 엄청난 부담을 동반한 '의무'로 받아들이기도 합니다.

    그런 사람들이 새로운 상황에서 보이는 첫 번째 관심이 '여기 규칙은 무엇인가?' '누구의 말이 가장 무게가 있는가'입니다. 이런 사람들은 집단 상담에 참여하면 "어떤 주제를 이야기해야 하나요?" "어떻게 행동해야 정상인가요?"를 꼭 묻습니다. 심지어 해외여행을 하면서도 '가이드에게 팁을 얼마나 주어야 하는지'가 초미의 관심사입니다. 요구가 존재하지 않을 때에도 그들은 요구나 기대를 읽어내는 데 '선수'입니다.

    한 번은 제가 원하지도 않았는데 주말을 어떻게 보낼 것인지 계획을 세워 오는 내담자가 있었습니다. 다음 만남에 와서는 그때의 계획을 다 실천하지 못해 매우 괴로워했습니다. 저와는 전혀 무관했던 그 계획은 일주일 사이에 제가 그에게 요구한 의무 사항이 되어 버렸던 것입니다.

:(
자기 손으로 삶을 전쟁터로 만들 필요가 있을까요?

사람은 누구나 '내가 이 정도는 되지.' 하는 나름의 평가 기준이 있습니다. 또한 '내가 이 정도는 할 수 있어야지.' 하는 자신에 대한 기대감도 있습니다. 그리고 자신이 어떻게 하기를 바랄 것이라고 생각하는 '타인에게 초점을 맞춘 내 모습'도 있습니다. 반면 자신의 기준은 없고 오로지 주변의 기대만 중요한 사람이 있습니다. 급기야는 타인의 기대가 곧 자신의 기준이라고 믿으면서 그에 미치지 못하는 자신을 비난하기도 합니다. 엄밀히 말하면 자신의 기대와 현재 삶 사이에도 늘 틈새는 있지요. 어쩌면 우리의 삶이란 그 틈새 사이에서 허우적거리는 것일지도 모릅니다. 하물며 남의 기대에 맞추는 데 급급한 삶이라면 진정한 자기 모습은 점점 더 사라집니다. 중요한 결정을 할 때에도 자신의 양심이나 지식, 직관, 계획을 믿기보다는 부모나 친구, 아는 사람 등의 인정과 허락을 받는 일에 더 신경을 쓴다면 어떨까요. 그런 인생은 전쟁터나 다름없습니다.

　삶은 문제에 부딪치고 이를 해결하기 위해 의사 결정을 하고, 목표를 정한 후 끊임없이 나아가는 여정입니다. 내가 내린 결정이나 하는 일을 남들은 이해하지 못하거나 인정하지 않을 수도 있습니다. 하지만 그런 것들은 자신이 스스로를 버리는 것에 비하면 아무것도 아닙니다. 타인의 기대에 의존하게 되면 더 많은 문제를 껴안고 살게 될 테니까요. 엄청난 스트레스와 혼란을 겪으며, 사소한 것에도 쩔쩔 매게 됩니다. 곰곰이 생각해 보세요. '내 결정은 인정받지 못해. 분명 뭔가 부족하다고 할 거야.' '아마 원하는 걸 내가 안 들어주면 나를 싫어하겠지. 그건 두렵고 무서워'라는 남들의 비판이 당신에게 늘 상처가 되고 있지는 않은가요?

:(
잠시의 위안과 안정을 위해 자신을 버릴 건가요?

타인의 기대에 과도하게 의존하는 것은 사실 거부당할지 모른다는 두려움이 있기 때문입니다. 자신에 대한 존중감이 있는 사람들은 타인의 말, 비판에 쉽게 마음을 다치지 않습니다. 상대가 부정적으로 말해도, 일의 결과가 나빠도 그리 예민하게 반응하지 않습니다. 그것들을 자신의 본질과 연관시키지 않기 때문입니다. 그저 '그 사람'이 나를 부정적으로 볼 뿐이고, 그저 '그 일'이 좀 잘못되었을 뿐이라고 생각합니다.

하지만 그 반대의 많은 사람들이 매일 자존심을 공격받으며 산다고 느낍니다. 다른 사람들이 나를 비판하고 거절하고, 또 따돌린다고 생각합니다. 그래서 자신이 형편없이 무너지는 것이 당연하다고 말합니다. 반대로 그들로부터 사랑받고 받아들여지고 칭찬받고 부러움을 받으면 순식간에 구름 위의 신선이 된 기분입니다. 그러니까 남들의 말 한마디가, 시선이, 평가가 곧 자기 자신이라고 받아들이는 것이지요.

남의 기대에 맞추어 살면 마음이 편하지 않느냐고, 많은 사람들이 좋아해 주지 않겠냐고 묻는 사람들이 있을지도 모르겠네요. 물론 그렇게 살면 잠깐 동안 위안과 안정을 얻을 수 있습니다. 하지만 그것을 위해 지나친 비용을 감당하는 셈입니다. 끊임없이 눈치 보고, 타인의 기대에 나를 내어주는 영역이 많아지게 될 테니 말입니다. 그러다 보면 자신이 제대로 살고 있다는 느낌을 점점 더 받지 못합니다.

어느 누구도 타인의 거부를 겪지 않고 살 수는 없습니다. 타인의 거부와 맞닥뜨리면 실망스럽고 맥이 빠지는 것은 당연합니다. 다소 고통스럽기도 하고 수치나 불안을 느낄 수도 있습니다. 그렇다고 해서 저들에 의해 당신이 바닥으로 내동댕이쳐지거나 구름 위로 둥실 올라갈 필요는 없습니다.

삶을 '하고 싶다'로 채워야 합니다
'해야 한다'가 아니라

지선 씨는 쌍둥이 언니들 밑으로 태어난 셋째 딸입니다. 아들을 원했던 부모 아래서 그녀는 더 착하고 더 예뻐야만 했습니다. 드세고 자주 다투는 쌍둥이 언니들을 보면서 일찌감치 살아남는 법을 터득했는데, 그것은 바로 양보입니다. 언니들이 달라면 무조건 다 주었고 알아서 갖다 바쳤습니다. 언니들 옷만 물려받던 그녀에게 한 번은 새 옷이 생겼는데, 언니가 그것을 샘내서 "언니 가져."라고 했답니다. 언니는 맞지도 않는 그 옷을 입어 보다가 어깨 밑이 터진 일이 있었습니다.

그녀는 이 장면을 기억해 내면서 참 많이 울었습니다. 우리가 상처를 입는 것은 사실 이런 '사소한' 일들에서 입니다. 물론 그 시절 지선 씨에게는 사소한 일이 아니었을 겁니다. 어쩌면 심장이 찢어지는 아픔과 비슷했을지도 모르지요. 다른 사람은 강요하지 않았지만 자신 스스로 의무를 만든 지선 씨, 그리고 지선 씨 주변 사람들도 이렇게 말할지 모릅니다. "주변에 이렇게 알아서 척척 하는 사람이 있으면 나머지 사람들이 아주 편해지지 않을까요?"

실제로 그렇지도 않습니다. 일단 그들은 일에다 하나를 더 얹습니다. 바로 '부담'을요. 부담이 있으면 자연히 집중하기 힘듭니다. 그래서 일을 하면서도 힘겨워합니다. 그러면서 자신에게는 창조성이 없고 열정이 없다고 괴로워합니다. 헉헉거리다가 사소한 것을 빠뜨리거나 처음 요구했던 것과 생판 다른 것을 만들어내기도 합니다. 다른 사람들이 부여하지 않은 요구까지 의무로 지각해 일 전체를 두려워합니다.

이러한 유령 의무에 시달리는 사람들은 자신이 원하는 일까지도 의무로 바꿔 버립니다. 재미있게 할 수 있는 일을 부담으로 만들고 맙니다. 예컨대 '남자친구의 스웨터를 짜야지'가 어느새 '남자친구의 스웨터를 짜야만 한다'가 됩니다. 인간관계에서도 유령 의무는 치명타를 날립니다. 예를 들어 직장 동료에게 호감을 느낀 한 남자가 있습니다. 하지만 그는 그녀와 친한 관계가 되는 것을 상상하면 겁이 납니다. 그렇게 되는 순간부터 그녀는 자신에 대해 어떤 '기대'를 할 게 분명하다고 생각하기 때문입니다. 그런 생각만 해도 그는 숨이 막힙니다. 유령 의무가 관계의 시작부터 쐐기를 박는 것이지요. 설령 데이트를 하게 되더라도 매번 데이트에 유령 의무가 작동합니다. 점심시간 전에 전화를 걸어야 한다는 압박감, 주말은 함께 보내야 한다는 의무감을 느낄 때마다 그는 그녀를 얼마나 사랑하는지 상관없이 부담을 느낄 것입니다. 그러는 동안 그녀는 그가 이따금 보이는 냉정함을 거절로 오해할 게 뻔하고요.

:(
책임감이 강하다고요?

'~을 하고 싶다'를 '~을 해야만 한다'는 말로 바꿔 버리는 사람이 있습니다. 어쩌면 그런 사람들 사고에는 '~을 하고 싶다'는 말이 존재하지 않는 것 같기도 합니다. 그들의 사전에는 '~을 해야 한다' '~할 수밖에 없다' '~하는 것이 당연하다'만 적혀 있을지도 모릅니다. 그들에게 의지는 의무와 대치됩니다. 같은 맥락에서 '나는 원하지 않는다'가 아니라 '나는 할 수 없다'가 됩니다. 무의식적으로 '~을 원한다'를 '~을 해야 한다'로 전환하는 것은 지선 씨의 이야기처럼 어린 시절에 안전감을 찾던 방식에서 그 뿌리를 찾을 수 있습니다.

예를 들어 질책을 받지 않는 게 중요한 사람들은 자기 생각보다 외부의 힘센 사람에 의해 명령받아 행동할 때 더 안전감을 느낍니다. 명령에 따랐을 때의 결과가 자발적으로 했을 때보다 비난받을 가능성이 낮다고 보기 때문입니다. 또한 '~해야만 한다'나 '의무이다'와 같은 말은 '원한다'나 '~하고 싶다'보다 이기적으로 들리지 않고 책임감도 강해 보인다고 생각합니다. 양심적이고 신중한 것을 최고로 여겨 의무를 이행하는 것이 개인의 욕구를 만족시키는 것보다 좋은 일로 보는 것입니다.

하지만 책임감 강한 사람이 유령 의무에 바친 대가는 실로 큽니다. 그 대가는 '욕구의 희생'이기 때문입니다. 의무는 적극적인 참여나 재미를 주지 못하고 단지 수동적으로 살게 하기 때문에 의미 없는 압박만이 남습니다.

분명하고 안정된 '자기감(내가 누구라는 것)'이 없으니 내가 무엇을 잘하는지, 무엇을 성취했는지에 대한 감흥도 없습니다. 자유롭게 선택한 목표를 달성했을 때조차 특별한 기쁨과 성취감을 느끼지 못합니다. 다만 누가 나를 싫어하는지, 두렵게 하는지만 인식할 뿐입니다. 이것들이 우리 정체감의 일부인 것은 사실이지만 매우 소극적이고 부정적인 측면입니다.

'자기감'이 확고해지려면 자신이 원하는 것에 대한 일관된 자각이 있어야 합니다. 그런데 유령 의무에 욕구를 희생해 왔으니, 정박하지 않은 배처럼 외부의 영향에 끊임없이 흔들리게 됩니다. 특히 다른 사람들의 '바람'에 더 취약해져 유령 의무에 휘둘리는 현상은 악순환하며 더욱 커집니다.

:(
당신이 진짜 원하는 것은 무엇인가요?

엄청난 의무감을 벗어내는 첫 단계는 바로 '아는 것'입니다. 무엇을요? 자신이 타인의 기대에 얼마나 휘둘리는지, 눈치를 보느라 얼마나 전전긍긍하는지, 모든 일상을 의무로 만들어 버리는지를요. 얼마나 자주 '~을 하고 싶다'보다 '~을 해야 해'라고 생각하고 말하는지 세어 봅시다. 당신이 책임감이 지나친 사람이라면 이런 사고를 수없이 하고 있을 겁니다.

물론 살면서 꼭 해야만 하는 일들이 있습니다. 하지만 그런 진짜 의무도 당신이 원해서 하는 일들 사이에 끼우면 자유롭게 선택하거나 원하는 것이 될 수 있습니다. 진짜 의무들 사이에서도 당신이 원하는 것들을 생각해 보세요. 당신의 활동에도 에너지와 창조성을 불어넣을 수 있습니다. 스스로에게 계속 물어야 합니다. '무엇을 원하지? 내가 진짜로 원하는 것은 무엇일까?' 매 순간 분명한 답이 떠오르지는 않을 겁니다. 너무 오래 억눌러 왔으니까요. 하지만 연습을 하다 보면 구체적으로 모습이 나타날 겁니다. 당신 스스로도 놀랄 만큼요.

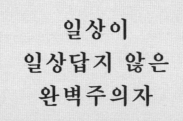

일상이
일상답지 않은
완벽주의자

당신의 일상이 악몽 같나요?

"이렇게 살면 안 될 것 같아서요." 마른 몸의 형식 씨를 처음 봤을 때, 기운이 하나도 없어 보였습니다. 그의 저 첫마디는 뭔가에 놀란 듯 잔뜩 긴장되어 있었습니다. 이어 지금 자신을 가장 힘들게 하는 것은 그래픽 디자이너의 꿈을 계속 좇아야 하는지, 아니면 현실에 맞춰서 그냥 돈벌이를 해야 하는지 결정하는 일이라고 했습니다. 그의 문제를 진로 갈등이나 정체감의 문제로 이해해야 할까요? 그렇게 단정 지을 수 없었습니다. 그는 30대 중반이었고 벌써 4년째 직장을 구하는 중이었기 때문입니다.

그는 소위 말하는 유학파입니다. 국내에서 대학을 중퇴한 후에 유학을 떠나 5년 동안 디자인 계통의 공부를 했습니다. 하지만 손에 쥔 졸업장이나 자격증은 하나도 없었습니다. 어학연수 기간을 제외하고는 늘 과정의 마지막 한 달, 두 달을 남겨 놓고 최종 시험을 치르지 않거나 학교를 아예 가지 않았습니다. 그가 도박이나 여자에 빠졌다든가 갑자기 다른 뜻이 생겠다거나 공부가 싫어져서도 아니었습니다. 그때마다 자신의 방안에 웅크리고 앉아서 괴롭고 무기력해하며 도무지 뭘 해 볼 도리가 없었다고 했습니다.

모든 과정의 초기에 그는 지독할 정도로 성실하고 철저한 학생이었습니다. 밤을 새우면서 작품을 만들었고, 완벽하지 않은 것 같으면 교수에게 요청하여 다시 제출하곤 했습니다. 스탠드를 만드는 과제가 있다면 다른 학생들은 이미 다듬어진 재료를 사서 어떤 디자인으로 만들까를 고민하는데, 그는 목공소에서 나무 재료를 깎는 것부터 시작했습니다. 그래야 마음이 놓였습니다. 당연히 그의 과제는 미뤄지고 쌓여서 학기말이 되면 산더미가 되었고, 여기에 시험까지 더해졌습니다. 더는 미룰 수가 없자 그는 주저앉을 수밖에 없었습니다.

그의 문제는 귀국 후 직장을 구하는 데서도 계속되었습니다. 일생을 걸만한 확실하고 의미 있는 일이 아니라면 아예 시작할 필요도 없다는 생각에 웬만해서는 직장을 정할 수 없었습니다. 결국 그의 문제는 진로 갈등이 아니라 완벽함을 추구하는 데 있었습니다.

:(
'완벽'과 '최선'은 다릅니다

세상에는 자신의 일이 단순하면 우스워 보이는 것 같고 중요한 일을 하는 것 같지 않다고 여기는 사람들이 있습니다. 그들은 뭔가 복잡하고 정교한 과정을 거쳐야 일이 제대로 되어간다고 생각합니다. 그런 일을 해야만 자신의 가치도 올라간다고 생각하고요. 일이 너무 쉽게 풀리면 불안하고 자신이 제대로 하고 있는지 의심스럽습니다. '나는 잘할 수 있다. 이렇게 하면 쉽게 할 수 있다'고 자신감을 보이는 것을 교만하다고 생각하며, 오히려 그런 생각이 일을 그르칠 수도 있다고 믿습니다. 그런 사람이 늘 전전긍긍하는 태도를 보이는 것은 어쩌면 당연한 일입니다.

그들의 배경에는 어린 시절 부모님이나 선생님처럼 권위 있는 대상이 보인 지나친 기대감이 자리 잡고 있습니다. '완벽해야만 부모님(혹은 선생님)이 만족하고 인정할 것이다. 그러니 완벽하지 않다면 실패한 것이다'라고 해석하면서 살아온 것입니다.

형식 씨에게는 어머니가 다른 누나와 형이 있습니다. 형식 씨는 어머니가 아이 둘이 있는 남편과 결혼해 낳은 아들입니다. 배다른 누나와 형은 부모님 마음에 들게 하는 게 없으면서 시끄럽고 고달픈 사춘기를 보냈습니다. 형식 씨는 기억이 희미한 시절부터 아버지에게 혼나고 매 맞는 누나와 형을 보며 자랐습니다. 그 시절 그의 의식을 지배한 것은 '잘해야 한다. 난 저러지 말아야 한다'였습니다. 당연히 그는 학교생활 내내 모범생이었고 잔소리가 필요 없는 아이였습니다. 하지만 그는 한 번도 공부가 즐거웠던 적은 없었습니다. 형식 씨의 유학 생활에는 어떤 문제가 있었을까요? 그는 최선을 다해 한 치의 오차도 없이 과제와 시험을 잘하려고 애썼을 뿐입니다. 하지만 완벽성과 최선을 다하는 태도는 엄연히 다르지요.

:(
삶은 시험이 아닙니다

건강한 성취자들은 일을 할 때 내적 기쁨을 찾아내고 자신의 탁월함을 즐기면서 일의 전후에 대해 합리적인 안목을 갖고 있습니다. 어떤 직업들은 실수가 용납되지 않기도 합니다. 이를테면 외과 의사나 비행기 조종사 같은 일들이 그렇지요. 따라서 이런 직업을 가진 사람들은 기나긴 훈련 과정을 통해 세세한 영역에까지 정확한 행위를 하도록 연습하고, 또 연습합니다. 이들이 실수 없이 일을 처리하는 것은 완벽성을 추구하기 때문이 아니라 세세한 연습이 실전에서 그대로 작동되기 때문입니다.

하지만 하루에도 몇 건씩 제출해야 하는 업무 보고서나 친구를 위해 마련하는 저녁 식사나 옷을 사는 일들 혹은 매주, 매달 제출하는 학교 과제물들은 외과 의사나 비행기 조종사의 일들과는 다릅니다. 다소 실수가 있다 해도 큰일이 아니라는 말입니다. 그래서 (완벽주의자는 아니고) 최선을 다하는 이들은 이런 경우에 근심에 빠지지 않습니다. 다소 결과가 미흡해도 스스로 즐길 수 있습니다. 언제나 옳을 필요도 없다고 생각합니다. 완전무결한 업무 보고서를 작성하기 위해 혹은 이상적인 사람으로 보이기 위해 전전긍긍하지도 않습니다.

완벽주의자들은 일 하나하나를 자신의 유능함을 보여야 할 '시험'으로 받아들입니다. 그러다 보니 그 일을 정확하게 하는 것, 정답을 아는 것, 옳은 결정을 하는 것들이 너무나 중요합니다. 그들의 목표와 동기는 너무나 복잡해 설사 성공을 한다 해도 그것을 즐길 가능성은 거의 없습니다. 무의식적으로 그들은 모든 일을 흠 없이 처리해야 하고 실수나 어리석은 결정은 자신의 무능력을 드러내는 것이라고 생각합니다. 완벽해야만 남들이 비판하거나 거부할 이유가 없어진다고 여깁니다. 그러니 자신의 가치는 자신이 얼마나 잘하는가, 똑똑한가, 완벽한가에 달려 있습니다.

제가 상담실에서 매일 만나는 사람들은 완벽성의 환상에 지나친 비용을 지불하는 사람들이라고 해도 과언이 아닙니다. 모든 일을 빈틈없이 처리하려 들면 일상생활의 하찮은 일조차도 악몽으로 변할 수 있음을 유념해야 합니다.

일하기 싫다고요?
실수할까 봐 두려운 거예요

일을 대충하거나 자꾸 미루는 사람일수록 아이러니하게도 대부분의 일을 반드시 해야 하고 혹은 완성해야만 하는 의무로 느낍니다. 그들은 매사를 '요구받는다'고 느끼면서 미루고 대충하는 반대의 모습을 보이는데, 이를 '저항'이라고 합니다. 어떤 일을 하면서 하기 싫다는 느낌이 들 수 있지요. 성가시거나 구미에 맞지 않는 일, 정녕 원치 않는 일이 주어지면 누구라도 피하고 싶어 합니다. 그렇다고 이런 성가신 기분을 '요구 저항'이라 부르지는 않습니다. 일상적인 일을 규칙처럼 반드시 따라야 한다고 보거나, 어떤 기준을 요구당하는 것으로 느낀다면, 그건 조금 다른 문제입니다.

마치 일들에 손발, 눈이 있어 자신이 감시당하고 요구받는다고 느끼며 사는 사람들. 그들을 '요구 저항자'라고 부릅니다. '요구 저항'은 일이 안에서 오든 밖에서 오든 압력이나 기대 혹은 요구로 지각해 습관적으로 부정적인 반응을 보이는 것을 의미합니다. 사소하게는 전화나 메일 답변에서부터 심지어는 부부 관계까지. '하도록 요구받는다'고 느끼기 때문에 많은 일들이 해야 하는 의무가 되어 버려 하기 싫다는 느낌이 강해집니다. 급기야는 '저 사람들은 왜 내가 하기 싫은 일들만 이렇게 시키는 거야!'라는 기분에 빠집니다. 그렇다고 볼멘소리를 할 수도 없고 뭔가 억울하고 화가 나지요.

:(
누가 당신에게 요구하나요? 혹시 당신 자신?

당신이 혹시 요구 저항자는 아닌지 한 번 살펴보세요. 무엇엔가, 누구에겐가 압력이나 기대나 요구를 받고 있다고 느낄 때 잠깐 멈춰서 자신의 반응을 날카롭게 자각해 보세요. 누군가가 기한을 주면서 일을 해 놓으라고 요구하면 마음이 불편해지나요? 그것이 무엇인가를 관찰해 보세요. 무슨 일인가 막상 시작하려고 하면 거부감이 생기나요? 또 자꾸 일을 미루지는 않나요? 새로운 프로젝트 시작을 앞두고 '아직 시기가 좋지 않아서' '아직은 여건이 되지 않아서' 늦추고 있나요? 하지만 결국 여전히 같은 조건에서 그 프로젝트를 나중에 시작하게 되어 있습니다. 그렇다면 한 번 물어 보겠습니다. 무엇이 그렇게 당신을 힘들게 하나요? 왜 주저하나요? 왜 평범한 요청을 들어주는 데 그토록 성가신 기분이 들까요? 언젠가 반드시 해야 할 일이라는 것을 알면서도 그 일을 하는 게 왜 그렇게 어려운가요?

이런 질문에 적절히 변명하지 못한다면 당신의 문제는 바로 요구 저항일 수 있습니다. 이 현상은 매우 무의식적인 과정이기 때문에 자신의 행동을 여러 가지 변명으로 합리화시킵니다. 그래서 끝내 그 실체를 보지 못할 수도 있습니다. 많은 사람들은 자신이 이런 상태라는 걸 모르고, 늘 할 일들이 너무 많다고만 말합니다.

대부분의 일이 의무처럼 느껴져 자꾸만 미룬다면, 그 마음 밑바닥에는 대체 무엇이 있을까요? 그런 사람들에게도 일은 일이 아니라 평가입니다. 평가는 그저 평가가 아니라 자기 자신이 걸린 문제입니다. 평가 자체는 원래 일의 정도를 헤아리는 것인데, 이들에게 평가는 자신의 실수가 만천하에 밝혀지는 행위입니다. 완벽함을 추구하는 이유도 자신이 유능하다는 평가를 계속 받을 수 있게 하려는 것입니다.

:(
부정적 평가보다 버림받을지 모른다는 불안

이들의 이런 신념은 사실 자신의 불안감을 잠재우려는 나름의 아이디어인 셈입니다. 조금이라도 실수하면 좋지 못한 평가를 받게 될 것이고, 이는 곧 버림받을지 모른다는 불안과 연결되어 있습니다. 이런 연결에는 어린 시절 부모와의 관계가 얽혀 있습니다. 실수는 곧 부모의 사랑이 철수되는 것을 의미하며, 사랑의 철수는 곧 죽음으로 연결됩니다. 어린 시절 부모의 애정이 없다면 우리는 모두 '버려진다'는 느낌을 받습니다. 그러니 실수를 해서는 안 될 것이고 실수가 드러날 수 있는 평가를 막는 일이 매우 중요한 일이 됩니다. 실수를 면하기 위해서 가능한 한 결정을 미루고 일을 하지 않는 것입니다. 만일 어린 시절 자신이 어떤 일을 잘하건 못하건 간에 부모는 늘 나를 인정해 준다는 믿음이 있다면 어땠을까요? 평가를 앞둔 일이라 해도 그토록 등 떠미는 일로 느끼거나 그 상황에서 도망치고 싶다는 심정은 들지 않을 겁니다.

우리가 관여하는 결정의 대부분은 수정할 수 있고 번복해도 되는 일입니다. 사실 세상에 영원불멸한 것은 없습니다. 어차피 100%짜리는 어디에도 없습니다. 바꿀지 말지를 고려하면 됩니다. 그때도 역시 얼마나 더 나은가를 상대적으로 따져 보면 그만입니다. '완전히'가 아니라 조금이라도 더 나은 쪽으로 결정하면 됩니다. 물론 결정을 바꿀 때 자존심이 상하거나 창피할 수 있습니다. 그래도 결정을 번복했다고 사회적으로 끝장이 나는 것은 아니라는 사실에 익숙해질 필요가 있습니다. 끝내는 잘못된 결정으로 판명이 나더라도 아무런 결정을 내리지 못하고 있는 고질병보다는 낫습니다. 결정을 내린 후에야 비로소 무엇을 잘못했는지, 자신이 처한 입장과 상황을 제대로 깨달을 수 있으니까요. 실수가 있어야 배울 수도 있습니다.

완벽하게 한다는 것은 미신입니다

인간이 하는 일이라면 완벽할 수 없는 법입니다. 그런 면에서 완벽성은 미신입니다. 미신이란 어떤 일과 그 일의 결과가 연달아 일어났을 때, 분명한 연관성이 없을 때조차도 둘 사이의 관련성을 굳게 믿는 것을 두고 하는 말이지요. 예를 들어 언젠가 보고서를 제출한 후에 대단한 찬사를 받은 적이 있었다고 해 봅시다. 곰곰이 생각해 본 결과 '내가 한 일이 흠잡을 데 없는 완벽한 것이었다!'라고 결론을 내렸습니다. 하지만 그것이 진실일까요? 그 일을 평가한 사람이 후한 사람이었을 수도 있고, 보고서와 무관하게 당신의 노력을 참작해 좋게 평가했을 수도 있습니다.

사실 자신의 삶을 충실하게 살아가는 사람들은 사소한 일에 전전긍긍하지 않습니다. 보고서의 오타 하나에 하루 기분을 망치지 않습니다. 만일 하루 종일 기분이 상했다면 사실 오타 때문이 아니라 그 오타를 지적당해 무서운 것에 가깝습니다. 마땅히 챙겨야 했던 물건을 깜빡한 것 때문에 여행 내내 기분을 내지 못하거나 새로 산 자동차에 난 흠집이 신경 쓰여 밤잠을 못 자는 이들도 같은 맥락입니다. '내가 이런 실수를 하다니!'

그 일과 그 실수가 그렇게 중요할까요? 인생에서 정말 중요한 것이 무엇인지를 알지 못한다면 모든 사안에 대해 합리적인 생각을 할 수 없습니다. 사소한 일 하나를 마치 커다란 돋보기로 들여다보듯이 확대 해석하고 있는 셈입니다. 그것을 곧 삶 전체로 인식해 버리는 것입니다. 그래서 작은 실수 하나도 그냥 지나치지를 못합니다. 내가 아닌 남이 완벽하지 못할 때에도 크게 실망하고 화를 냅니다. 심지어 어떤 일에서든 결점과 문제점을 먼저 찾아내는 비상한 능력자가 되기도 합니다. 결국엔 사는 것 자체가 실망이고, 무엇에 대해서든, 누구에 대해서든 참을 수 없습니다.

:(
일에서 실수는 인격의 결함이 아닙니다

완벽하고 싶은 욕구가 많은 사람들은 자신이 실수를 하거나 뭔가 잘 모르면 사람들이 자신을 싫어할 것이라고 생각합니다. 사실은 그 반대일 때가 더 많습니다. 이 세상이 능력 있는 사람들을 높이 평가하는 것은 틀림없습니다. 하지만 그것이 실수를 하지 않기 위해 몸부림치는 것과 같지는 않습니다. 주변에 모든 사안에 대해 자기 의견만 옳다고 주장하는 사람이 있다고 생각해 보세요. 그보다 불쾌한 일이 또 있을까요? 모든 것을 완벽하게

다 알고 있는 사람과 친구나 동료가 되는 건 별로 재미가 없을 것입니다. 뭔가를 함께 열심히 도모하고 싶지도 않을 뿐더러 무엇을 가르쳐 주거나, 혹 실수라도 했을 때 도와줄 수 있는 기쁨도 없기 때문입니다.

완벽함을 추구하는 사람들은 자신의 모든 결정이 옳아야 한다고 생각합니다. 실수를 하지 않는 것에 목숨을 겁니다. 특히 중요한 일에서는 어떻게 해서든 실수를 피해야만 합니다. 그래서 간혹은 실수를 저질러 놓고도 실수가 아니라고 우기는 지경에 이릅니다.

자신의 실수를 인정하지 않고 방어하는 데는 많은 에너지가 필요합니다. 다른 사람들이 틀렸다고 지적할 때 '아니야! 내가 옳아!'라고 입증하려 할 때의 압박감도 상당합니다. 왜냐하면 이들은 실수에도 완벽성을 적용시키기 때문입니다. 무슨 일이든 100% 완벽할 수 없는 것처럼 100% 완벽한 실수도 드물다는 것을 모릅니다. 보는 시각에 따라 어떤 것은 실수이기도 하고 또 아니기도 합니다. 어느 면은 잘했는데 다른 면이 조금 모자란 경우도 있습니다. 누군가 실수를 지적했을 때 "아, 그런가요? 제가 실수를 했군요!"라고 한다면 어떨까요? 상대방은 자신이 인정받았다고 느끼면서 "뭐, 전부 그렇다는 것은 아니고요."라고 할 것입니다. 당신이 실수를 인정한다고 해서 당신이라는 사람 자체를 모자란 사람으로 생각하지 않습니다.

상대방은 당신의 어떤 부분이 틀렸다고 말할 수 있습니다. 그리고 당신은 그것을 인정함으로써 일의 실수를 인격의 결함으로 연결시키지 않으면서 부드럽게 마무리할 수 있습니다. 그저 당신의 실수 하나일 뿐입니다.

:(

실수를 건강하게 다룰 수 있습니다

자신의 실수 하나에 벌벌 떠는 사람들, 실수를 하지 않으려고 온갖 예민함을 다 동원하는 사람들은 자신에 대한 수치감이 많은 사람들입니다. 스스로 떳떳하지 않고, 세상에 나설 때 적어도 하나 이상의 가면을 써야 안심이 되는 사람들입니다. 누구나 실수를 할 수 있고, 실수를 할 때나 그렇지 않을 때나 그냥 '나는 나'라고 생각하는 사람들은 실수에 목숨 걸지 않습니다. 따라서 자신의 실수를 건강하게 다루는 사람이야말로 자기를 진정으로 사랑할 줄 아는 사람입니다.

실수는 여러 가지 면에서 일종의 '신호'입니다. 자동차의 시동을 걸고 안전벨트를 안 하면 빨간불이 깜빡이거나 소리가 나듯이 실수는 당신에게 천천히 더 주의를 기울이라는 신호입니다. 진짜 문제는 실수 그 자체가 아니라 실수 이후의 태도입니다. 실수를 반성하고 진심으로 뉘우치고 용서를 청하면 그것으로 다시 기회를 잡을 수 있습니다. 물론 스트레스조차 안 받을 수는 없겠지만 그것은 감당할 만하지 않은가요? 끝끝내 아니라고 우기든지, 스스로 자책하며 우울해 하든지, 다른 사람 책임으로 떠넘기든지, 회피해서 문제를 악화시키든지 할 정도의 실수는 사실 세상에 그리 많지 않습니다. 우리 인생에 독(毒)이 될 만한 실수는 흔치 않다는 말입니다. 실수를 하나의 '경고'로 인식하는 습관을 가져 보세요.

쉬는 건 선택이 아니에요
필수 사항이에요

"일이 마치 소용돌이 같아요. 저를 빨아들이죠." 자신이 일을 하는 것이 아니라 일이 자신을 빨아들인다고 했습니다. 잘 짜인 스케줄은 그녀의 모든 순간에 침투되어 있더군요. 단 한순간도 일 생각에서 벗어나지 못했습니다. 일하는 시간과 쉬는 시간 구분이 없었습니다. 항상 일 생각을 하고 있기 때문에 몸이 거실에 있든, 식탁에 있든, 욕조에 있든 사무실에 있을 때와 다를 게 없었습니다. 미처 일을 끝내지 못했을 경우에는 훨씬 더 심해졌습니다. 그래서 일 외에 시간을 요구하는 일들, 예를 들면 가족과의 시간, 친구를 만나는 일, 아이들의 학교 문제 등을 하려 하면 이미 고통스러운 수준에 이르러 있었습니다.

:(
쉬는 것이 죄스럽나요?

흥미로운 것은 이렇게 사는 사람들 중 극소수만이 자기 모습에 괴로워한다는 것입니다. 나머지 사람들은 그런 삶에 은근히 자부심을 갖거나 다른 사람들도 그렇게 살아야 한다고 믿는 경우가 많습니다. 이런 사람들이 겪는 심리 상태를 '휴식 혐오증'이라고 부릅니다. 해야 할 일이나 예상되는 일 이상으로 일을 열심히 하고 일에 대해 생각하느라 전혀 쉬지 않습니다. 이들은 일주일에 60~70시간을 일한다고 하지만 그것은 작업 현장에서 보내는 시간만 계산한 것이고, 일과 관련된 생각을 하는 시간까지 셈한다면 사실 그 두세 배를 일한다고 봐야 합니다.

주위 사람들에게 딱히 말을 하는 것도 아닌데 끊임없이 중얼거리고 있는 사람이 있다면 어떤 생각이 들까요? 언뜻 보면 제정신이 아니라고 할 것입니다. 입만 움직이지 않을 뿐이지 사실상 그 상태로 살고 있는 사람들이 바로 휴식 혐오자들입니다. 그들의 머릿속에는 늘 무언가, 어떤 생각이 떠오릅니다. 도저히 멈춰지지 않습니다. 그래서 항상 긴장 상태이고 결코 휴식을 취할 수가 없습니다.

왜 자신을 위해 짧은 휴식도 용납하지 않는 걸까요? 쉬는 것을 죄스러워하기 때문입니다. 생산적인 일을 하고 있어야 자신이 가치 있는 사람이라고 믿는다면 쉴 없이 일할 수밖에 없습니다. 그들은 긴장을 풀고 휴식하는 것을 시간 낭비라고 생각합니다. 그들의 판단 기준은 너무나 간단합니다.

어떤 일을 했거나 하지 않았다는 것으로, 좋고 나쁨을 결정합니다. 그래서 일에는 반드시 동기가 뒤따라야 한다고 여깁니다. 이를테면 조깅을 했으니 과자를 먹어도 된다거나, 과제를 제대로 못했으니 느긋하게 목욕은 할 수 없고 샤워로 대신해야 한다는 식입니다. 자신만을 위한 시간이나 자신을 돌보는 시간은 반드시 필요한 것이 아니라 사치라고 생각합니다.

:(
'아무것도 하지 않기'부터 하세요

휴식 혐오자들이 일에 매달려 얻는 것은 과연 무엇일까요? 놀라운 성취와 자기 만족감을 달성한다면 그래도 다행일 것입니다. 하지만 그들은 일에 매진하는 시간으로 완성도를 높이는 것이 아니라 끊임없이 일에 대해 생각하며 한시도 쉬지 못할 뿐입니다. 머릿속에 늘 생각이 차 있어 지친다고 호소합니다.

인간에게 생각은 에너지입니다. 에너지는 사용하면 사라지고 다시 채워 넣어야 합니다. 늘 무슨 생각을 하고 있다는 것은 늘 에너지를 쓰고 있다는 말과 다를 게 없습니다. 그러니 당연히 지칠 수밖에 없지요. 그러다 간혹 정신을 쏟아 부을 일이 좀 덜어지면 머릿속에 온갖 부정적인 생각들이 돌아다닙니다. 여유로운 상황을 유쾌하게 받아들이질 못하기 때문입니다.

부정적인 생각을 발산할 배출구도 여의치 않으니 몸과 마음은 더욱 가라앉습니다. 이런 공허감 속에 헤매다 보면 정작 해야 할 일들을 놓치기 십상입니다. 또 공허감을 채우기 위해 대수롭지 않은 일에 몰두하게 되고 그러다 보니 머릿속은 점점 더 복잡해집니다. 정작 새로운 정보를 받아들이기는 더욱 힘들고 효율성은 갈수록 떨어집니다.

이 모든 상황이 휴식을 제대로 취하지 않아서 벌어지는 일들입니다. 얻는 게 아니라 오히려 잃고 있습니다. 사실 우리 삶에 제대로 된 휴식은 없어서는 안 되는 필수 불가결한 존재입니다. 당신이 휴식 혐오자라면 휴식이라는 과업을 대단한 '일'처럼 의도적으로 삶 속에 배치해야 합니다.

우선 '아무것도 하지 않기'를 해야 합니다. 그러면 또 머릿속에서는 '아무것도 하지 말아야만 해.' 하는 생각을 열심히 하게 되겠지요. 그 또한 무엇인가를 하는 것이지 결코 '아무것도 하지 않는 것'은 아닙니다. 하지만 그렇게라도 시작해야 합니다.

아무것도 안 한다는 것은 텔레비전을 보는 것도, 음악을 듣는 것도, 잠을 자는 것도 아닙니다. 운동을 하는 것도 아닙니다. 단지 숨을 쉬는 것 말고는 아무것도 안 하는 상태에서 '아무것도 안 한다'는 생각에 정신을 모아 보는 일입니다. 목욕을 한다거나 등산을 한다거나 하는 여가는 어떠냐고요? 물론 나중에는 이런 것들을 하며 즐기게 되기를 바랍니다. 하지만 지금은 그런 계획을 버리는 것부터 시작해 보기를 권합니다.

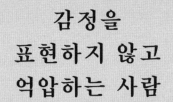

감정을
표현하지 않고
억압하는 사람

화를 참고 이성적이어야 어른?!
결국 폭발합니다

감정을 억압한다는 것은 어떤 것일까요? 내면에 분명히 존재하는 감정에 대해 모른 척하거나 정말로 모르면서 살아가는 것입니다. 이럴 때 우리가 모른 척하는 감정은 열이면 열 다 기분 나쁜 것, 슬픈 것, 화나는 것, 외로운 것 등 부정적인 것들입니다. 혹자는 이런 감정을 드러내지 않는 게 뭐가 나쁘냐고 반문할지도 모르겠네요. 오랫동안 우리는 긍정적이지 않은 감정은 속으로 삭이거나 묵힐 것을 요구받았기 때문입니다. 프로이트는 이것을 '연통의 중간에 막혀서 난로의 연기가 빠져나가지 못하는 것'으로 비유했습니다. 그 말을 상상해 봅시다. 연기 때문에 난로 근처에도 있을 수 없을 것이며, 급기야는 난로가 폭발할지도 모를 일입니다. 부정적 감정들을 억압하면 어떤 모습으로 나타날까요?

먹는다. 잔다. 술을 마신다. 약을 먹는다. 하염없이 TV를 본다. 뭐가 됐

건 읽는다. 운다. 사람들을 피한다. 무조건 다 내 잘못이라고 생각한다. 미친 듯이 일을 하거나 운동을 한다. 그 대상에게 사과하고 더 잘해 준다. 아무 일도 없는 것처럼 무심하게 대한다. 엉뚱한 데 화풀이를 한다.

　이 중 자신에게 해당되는 사항이 많다면 그것은 당신이 분노를 회피하고 억압하고 있다는 증거입니다. 그러나 그런 태도들로는 자신이 무엇에, 무엇 때문에, 얼마만큼 화가 났는지 알 수 없습니다. 분노를 부인하거나 억압하는 것을 그만두고 자기에게 무엇이 옳고 적절한가를 판단하는 도구로 쓰는 데는 크나큰 용기가 필요합니다. 아마도 지금까지와 다르게 해 보려는 순간에 당신은 내적으로 혹은 외적으로 당황스러울 것입니다. 내적으로는 과거와는 다른 자기가 낯설어질 것이고, 이러다가 관계에서 버림받을지 모른다는 두려움에 휩싸일 수 있습니다. 물론 표면적으로는 '귀찮게 뭘….' '좋은 게 좋은 거 아니겠어. 그냥 옛날식으로 하지 뭐…'라고 하겠지요. 외적으로는 사람들의 놀라운 반응을 만나게 될 것입니다. 그들은 당신을 향해 '이기적이다, 성숙하지 못하다, 신경질적이다, 반항적이다, 차갑다, 책임감이 없다, 베풀 줄 모른다' 등 비난을 할지 모릅니다.

　우리는 오랜 시간 우리의 가치가 남의 사랑을 받는 데 있다고 믿으며 살아왔습니다. 그래서 그렇지 않다는 평가를 받는 것이 마치 재앙이라도 되는 것처럼 받아들이는 이들도 있습니다. 그동안 억지로 분노를 드러내지 않고 살아왔던 것도 이런 평가를 피하려는 필사의 노력이었습니다. 그래서 우리는 분노를 억압했고, 중요한 사람과 갈등하는 것을 피해 왔으며, 싫어도 드러내놓고 내색하지 못했습니다. 이런 규칙을 따르는 한 우리는 잠자면서 걷는 것과 하등 다를 게 없습니다. 안전한 것 같다고 느끼는 것은 단지 우리가 눈을 감고 있기 때문입니다. 아무것도 명확하게 보지 않고 정확하게 사고하지 않으며 자유롭게 기억하지 않으면서 대체 무엇을 할 수 있을까요? 우리는 창조적, 지적 혹은 성적인 에너지조차 억압된 분노에 발목을 잡힌 채 살고 있습니다. 단지 그 근원이 인식되지 않을 뿐입니다.

:(
착한 여자, 사나운 여자 따로 있나요?
사실 모두 괴로운 사람일뿐입니다

착하다는 말을 들으면 기분이 어떤가요? 물론 긍정적인 의미로 쓰여서 기분이 좋을 때가 많습니다. 하지만 다른 경우도 있습니다. 당연히 화를 낼만한 상황에서도 화내지 않거나 눈물을 흘리거나 자기비난을 하거나 스스로 상처입고 마는 경우에도 종종 '착하다'는 말을 하기 때문입니다. 보통 남성보다는 여성이 이런 경험이 더 많은 편입니다.

착한 여자들은 화를 내고 나서 겪어야 하는 문제들을 피하기 위해 화를 자기 안에 가둡니다. 하지만 가둬 둔 것 안에는 사실 분노만이 아니라 그녀의 생각과 감정도 있습니다. 자신의 생각과 감정을 분명하게 드러내는 것은 다른 사람과 자신의 차이를 내보이는 것인데, 그러면 다른 사람들이 불편해할 것이라고 생각합니다. 그래서 다른 사람을 보호하고 분위기를 화목하게 하는 데 자기 에너지를 써 버립니다. 착하다는 소리를 듣지만, 감정을 가두는 데도 에너지가 드니까, 정작 자신을 분명히 하는 일에 쓸 에너지는 없습니다. 그러면서 점점 그런 일에 서툴러지지요. 즉, 착한 여자가 될수록 다른 사람의 느낌과 반응에는 예민해지는데 자기 내면의 소리에는 둔감해집니다.

자기 자신을 돌보지 않으면서 진정 행복할 수 있는 사람은 없습니다. 무의식적인 분노와 적대감이 계속 쌓이면 자신의 삶을 성장시키는 일은 자연스레 포기하게 됩니다. 착한 여자가 되는 게 중요하다는 생각은 분노의 존재조차 인식하지 못하게 합니다. 스스로 더 많이 포기하면 할수록 더 많은 분노가 쌓이게 되고 그것을 억압하려는 노력 또한 더 강해집니다. 많이 억압하면 억압할수록 그에 따른 반작용도 강해집니다. 따라서 억압에 실패하면 어쩌나 하는 공포가 커지고, 더 강하게 억압하는 악순환이 이뤄집니다.

그러다가 더 이상 억압하지 못하고 밖으로 분노를 드러내면 비합리적이고 폭발적인 형태를 띱니다. 말하자면 결국 다른 사람들에게 "넌 신경질적이야!" "좀 이상해."라는 평가를 받지요. 하지만 분노가 폭발한 실제 이유는 여전히 드러나지 않습니다. 오히려 어이없는 평가로 인한 두려움 때문에 서둘러 과거의 관계로 복귀하고 싶어질 뿐입니다.

'착한 여자'의 반대말로 '사나운 여자'를 상상해 봅시다. 남의 잘못을 지적하는 데 주저함이 없고 사소한 일에도 화를 내는 사람, 또 성질이 불같아서 항상 누군가와 싸우는 것 같은 사람을 가리켜 우리는 흔히 '사납다'고 합니다. 하지만 '사납다'는 것과 '분노를 잘 처리한다'는 것과는 다릅니다. '사납다'와 더불어 '떼를 쓴다' '불평을 잘한다' 등의 말은 모두 무기력한 사람들의 속성을 나타냅니다. 그런 행동을 하면서 본인은 정작 무엇인가에 발목을 잡힌 것 같은 기분이 듭니다. 그런 태도들이 실재로 자신이 불편해 하는 것들을 변화시키지 못하기 때문입니다.

당신은 더할 수 없이 분개하여 소리치고 있는데 상대는 점점 더 조용해지고 냉담해지는 경험을 한 적이 있나요? 만약 있다면 그 후 당신에게 따라붙었을 꼬리표는 아주 뻔합니다. "저렇게 감정 조절이 안 돼서야 원!" "저 히스테리 좀 봐!" 결국 아무것도 처리하지 못하고, 화를 내는 진짜 이유도 밝히지 못하는 경우가 허다합니다. 분명하지 않게, 방향감 없이, 통제하지 못하는 화를 내면 결국 다른 사람에게 내 분노는 별로 중요하지 않고 귀담아 들을 필요 없다는 확신만 심어 줍니다. 남들에게 변명거리만 줄 수 있다는 말입니다. 그렇다면 '사나운 여자'가 되고 마는 당사자의 심정은 어떨까요? 물론 부당하다는 생각에 더욱더 분노했을 것입니다. 그리고 결국엔 무기력해져서 분노를 표현하는 것은 아무 가치도 없다고 결론을 내리게 될지도 모릅니다.

'착한 여자'와 '사나운 여자'는 얼핏 보면 양극단의 모습 같지만 사실은 같은 기제를 가진 다른 표현입니다. 표현을 하고, 하지 않는 차이가 있을 뿐 여전히 무기력하고 무능하다는 느낌이 드는 건 똑같습니다. 자기 존중감이나 위신을 지키지 못했다, 정말 해야 할 일을 하지 못했다는 느낌에 휩싸여있다는 점에서 말입니다. 게다가 이 두 유형의 사람 모두 분노를 효과적으로 표현해 자신을 더욱 강하게 만들어야겠다는 결론을 얻을 수 없습니다. 오히려 분노가 얼마나 두려운 것이며, 어떻게 억압하고 부인해야 하는 것인가 알았을 뿐입니다. 결국 둘 다 분노를 엉뚱한 방법으로 표출해 자신의 이익과 반대되는 행동만 반복하게 됩니다.

:(
분노는 사라지지 않고 남습니다
그것도 비틀어진 모습으로

분노를 밖으로 표현하는 걸 매우 위험하다고 여기는 사람들은 그것을 무시합니다. 마치 아이들의 이런저런 요구에 대해 들어줄 방법이 없을 때 어른들이 짐짓 못 들은 척하는 것과 비슷합니다. '저러다 말겠지' 식으로 자신의 분노를 모른 척하면서 자기의 욕구와 동기, 갈등을 안 보려고 하는 것입니다. 그것들이 있다는 걸 모르는 게 아니라 자신의 통제 밖에 있기 때문에 어쩔 수 없다고 눈을 감아 버리는 것입니다.

이것이 그들의 문제 해결 방식입니다. 이런 행동은 당장 고통을 덜어줄지도 모르지만 결국 시야가 좁아져 해결해야 할 문제를 영영 못 보게 됩니다. 뿐만 아니라 몸과 마음이 병들기도 합니다. 억압된 분노는 결코 사라지지 않기 때문입니다. 단지 사회적으로 용납되는 다른 형태로 변형되어 나타날 뿐입니다. 여기서 '변형'이란 본질의 형태나 성질이 달라져서 나타난다는 뜻입니다. 게다가 그 변형은 의도된 것이 아니어서 주의 깊게 관찰하지 않으면 자신도 어디에서 비롯된 것인지 알지 못할 때가 많습니다.

분노는 사라지지 않고, 비위 맞추기로 변합니다 _

억압된 분노의 유형 첫 번째로 '비위 맞추기'가 있습니다. 자신의 분노를 표현하는 것이 두려운 사람들은 어떤 대가를 치르더라도 이것을 회피하려고 합니다. 그래서 찾는 대표적인 방법이 '분위기를 맞추는 것'입니다. 뭔가 일이 잘못되었다면 그게 어떻게 발생하였는지, 누구의 책임이고 결과는 어떻게 될 것인지 등에 대해 자신의 입장과 대처 방안을 고려하는 게 당연합니다. 하지만 이 유형의 사람들은 무슨 일이 터지든 일단 상황을 가라앉히고 무마시키려고 합니다.

약속된 상담 시간에 늦거나 시간에 임박해서야 그것을 미루는 일이 잦았던 사람이 있었습니다. 그의 변명은 늘 회사 문제였습니다. 하루는 사정을 자세히 들어 보았습니다. 그가 말하는 회사 문제는 사무실을 막 나서려는 순간에 누군가가 갑자기 무엇을 해달라고 부탁을 하거나, 조금만 더 있다가 가기를 요청하는 것이었습니다. 그의 마지막 말은 이랬습니다. "저는 저로 인해 어떤 문제도 생기지 않았으면 좋겠어요."

하지만 진짜 문제는 그 사람 안에 있었습니다. 그는 오래전부터 매사에 무기력하고 자신감이 없어서 삶이 버겁다는 생각에 시달렸다고 합니다. 그리고 계속 진행된 상담 작업에서 그의 특징 하나를 발견했습니다. 그는 자신이 다른 사람에게 부당한 대접을 받거나 자신을 이용해 먹은 사람에 대해 얘기하면서도 마치 남의 말을 전하듯 무심했습니다. 말하자면 당연히 따라붙어야 할 감정 표현이 없었습니다.

비위를 맞춘다는 건 다시 말해 상대방 앞에서 자신의 의견이나 느낌을 별것이 아닌 것으로 취급하는 것입니다. 비위 맞추기는 여러 형태로 나타나는데 그중 하나가 부적절한 미소입니다. 심각한 문제를 논의할 때나 결코 웃음이 적절하지 않은 순간에 배시시 내비치는 미소는 보는 사람을 혼란스럽게 합니다. 그것은 자기 내면에 있는 갈등이 밖으로 드러나는 게 두려워 흐지부지 만들려는 시도입니다. 예를 들어 심각한 문제를 힘들게 말해 놓고서는 곧 웃어 버리거나 미소를 지으면서 말끝을 흐려 버리는 식입니다. 이것은 '나는 힘이 없는 사람이에요. 그러니 중요하게 대하지 않아도 괜찮아요'라는 메시지나 마찬가지입니다. 하지만 막상 자신의 발언이 심각하게 받아들여지지 않으면 '이건 아닌데… 이러려는 건 아니었는데…' 하며 후회합니다.

분노는 사라지지 않고, 수동-공격적 행동이 됩니다 _

분노를 직접 표현하지 못하는 사람들이 자신의 분노를 숨기는 방법 중 하나는 상대방 앞에서는 그가 원하는 대로 하겠다고 말해 놓고 결국엔 그 행동을 하지 않거나, 자신이 원하는 대로 하고 마는 태도입니다. 혹은 면전에서는 단박에 처리할 것처럼 말해 놓고 등 뒤에서 게으름을 피우는 것도 마찬가지입니다. 예를 들어 퇴근 전까지 기획안을 제출할 수 있겠느냐고 상사가 묻습니다. 그것이 불가능하다는 것을 압니다. 그런데도 상사 앞에서는 "네"라고 대답합니다. 하지만 그는 그 기획안을 시간 내에 내지 않습니다. 그러면서도 상사가 부당한 요구를 했다고 불평하거나 화를 내지 않습니다.

이 같은 방식이 바람직한지 아닌지를 논쟁하려는 것은 아닙니다. 그저 이런 식으로 뒤에서 자신을 상대방에게 맞출 수밖에 없는 심리 과정을 말하고 싶은 것입니다. 이런 행동의 이면에는 '두려움'이 있습니다. '나는 내 생각을 말하지 못한다. 그래서 행동하는 것이다.' 이런 태도는 인간관계에는 치명적인 결과를 초래할 수 있습니다. 누구든 말하는 것과 행동하는 것이 다른 사람을 용납해 주기는 어렵기 때문입니다.

분노는 사라지지 않고, 도망치게 만듭니다 _

우리가 신체적인 공격을 당하거나 위협을 느낄 때 취하는 행동은 두 가지입니다. 하나는 맞서 싸우는 것이고, 또 하나는 도망치는 것입니다. 예를 들어 억울하거나 분통 터지는 일을 당했다고 가정해 봅시다. 하지만 막상 분노를 표현하는 게 두렵고 위험하다는 판단이 섭니다. 이럴 때 가장 먼저 취할 수 있는 행동 하나는 그것에 대해 '정서적으로 닫아 버리는 것'입니다. 말하자면 도망치는 것이지요.

이것은 자신을 보호하기 위해 알면서도 말하지 않고 표현하지 않는 것과는 조금 다른 차원입니다. 마치 어린 시절에 성적 학대를 당하거나 부모에게서 버림받는 등 큰 사건을 겪었는데도 짐짓 아무 일도 없는 것처럼 행동하는 조용한 아이에 비유할 수 있습니다. 성인들 중에서도 감당할 수 없는 큰일을 당해 소리를 지르거나 발작할 것 같은 상황에서 의외로 지나치게 조용해지는 사람이 있습니다.

그들은 정서적으로 둔화되어 당연히 느껴야 할 것을 느끼지 못하거나 아무것에도 흥미를 느끼지 못하는 상태가 된 경우입니다. 내면의 고통과 분노를 일으키는 환경 속에서 자신이 겪는 감정을 보거나 들으려 하지 않고, 환경이 요구하는 어떤 모습이 되어야 할 때, 그 압력을 견디지 못하는 사람은 자신의 정서를 단절시킵니다. 그렇게 함으로써 스스로 아무것도 느끼지 못하게 합니다. 그들에게 분노는 더 이상 사건도 아니고 문제도 아닙니다.

분노는 사라지지 않고, 자기를 비난하게 합니다 _

분노를 표출하는 게 받아들여지지 않을 때 그 화를 자신에게로 돌리는 사람들이 있습니다. 어린아이들이 뭔가 불편할 때 자신의 머리카락을 잡아당기거나 손톱을 물어뜯는 행동과 일맥상통합니다. 고통스럽지만 하소연할 데가 마땅치 않을 때 우리는 자기 비난을 합니다. 말하자면 자기 자신이 분노 표출의 대상이자 수단이 되어 버리는 것입니다.

이런 사람들의 문제는 무슨 잘못이든 자신을 둘러싼 외부 환경이나 문제 관계에 있는 상대방은 절대로 달라지지 않는다고 믿는 것입니다. 따라서 그런 환경에서 계속 살거나 상대방과 관계를 유지하기 위해서는 자신의 사고와 바람과 믿음과 기대를 없애야 한다고 생각합니다. 이들은 문제가 발생되는 관계에서 무엇이 잘못되었나를 묻기 전에 자신의 무엇이 잘못되었나를 묻습니다. 하지만 끊임없이 자신을 비난한다는 것은 곧 자기의 성장을 볼모로 잡는 것과 같습니다. 이런 상태로 오래 있다 보면 우울증이나 다른 정서 문제를 키울 수밖에 없습니다. 또는 전혀 적절하지 않은 상황에서 아주 하찮은 주제를 이유로 화를 폭발시킵니다. 그러다 보니 다른 사람들은 그들의 화를 하찮게 취급하거나 그들에게 무슨 문제가 있는 것으로 여깁니다. 이 또한 다른 분노의 근원이 됩니다.

의존하지 않으면서
친밀감 느끼기는 불가능합니다

"여행 내내 게스트 하우스에 묵었는데 숙소에 들어가면 무조건 자는 척을 했어요. 같은 방을 쓰는 사람들이 말을 걸까 싶어서요." 배낭여행을 다녀왔다는 한 대학생의 말입니다. 그는 규칙 위반인 줄 알면서도 외출 시에 키를 직원에게 반납하지 않고 가방에 넣고 다녔다고 합니다. 그 이유로 "자꾸 부딪치면 친해질 테니까요."라고 말했습니다. 아이러니하게도 이 사람의 고민 중 하나는 '왜 나는 진짜 친구가 없을까'였습니다. 새로운 사람과 친해질까 봐 말 붙일 상황도 피하면서 진실한 친구를 못 찾아서 괴로워했습니다.

사람은 살아가는 내내 타인과 연결되어 있다는 감각을 찾으려고 하며 이를 매우 소중하게 여깁니다. 타인과 친해지려고 하는 것을 유아기 때 아기가 말하지 않아도 무엇을 원하는지 엄마가 알아차리고 즉각 반응했던 그 연결을 되찾고 싶은 열망으로 보기도 합니다. 혹은 죽을 수밖에 없는 인간의 유한성을 초월하려는 하나의 방식으로도 봅니다. 실제로 친밀감은 무엇과도 비교할 수 없는 생명의 충만감을 느끼게 합니다. 그런데 그것이 두려워 타인과 가까워지는 상황 앞에서 움츠러든다니, 그 이유는 무엇일까요?

한 사람에게 가까이 다가가면 당신이 가진 모든 측면, 말하자면 매력적이고 좋은 점뿐만 아니라 부끄럽고 숨기고 싶은 부분까지 보일 가능성이 높아집니다. 사이가 가까워지면 실수라든가 약점 따위가 드러나는 게 당연합니다. 이들은 자신이 이런 불완전한 모습을 내보이면 상대방이 예의 주시하고 있다가 자기를 무시하거나 거절할 거라고 생각합니다. 극단적으로 그들은 남들에게 보이는 자신의 모습과 실제의 모습은 다르다고 생각합니다. 친해지면 드러나게 될 모습과 일상적인 모습을 다르게 '관리'해야 한다고 생각합니다. 그래서 이들은 일회성 만남이거나 여러 사람과 함께 어울릴 때는 더할 나위 없이 활발하고 싹싹하다가도 단둘이 친해질 기회 앞에서는 크게 달라집니다. 친구는 물론이고 아는 사람, 심지어 연인조차도 일정한 거리를 두면서 조심스럽게 통제하려고 합니다. "그 사람이 제 진짜 모습을 알게 내버려 둘 수 없어요."

그들은 스스로 자기 모습이 진짜가 아니라고 생각합니다. 그래서 다른 사람과 친해지면 자신이 얼마나 부족한지 알게 되니 큰일이라고 생각하며, 결국 그 사람이 자신을 싫어하게 될 것이라고 믿습니다. 배낭여행을 다녀온 대학생과 여러 차례 상담한 결과 그의 마음 역시 그랬습니다. "친해지면 저에게 실망하지 않도록 노력해야 하잖아요. 그게 얼마나 피곤한데요."

그럼에도 불구하고 그들은 '진실한' 친구를 갈망합니다. 그것은 자신을 최고로 여겨 주고 제일 친한 사람으로 인정해 주는 '어딘가에 있을 사람'에 대한 기대감입니다. 말하자면 '엄마'를 다시 만들고 싶은 것이죠. 한편으로는 그 일이 불가능하다는 것을 모르지 않아서 현실적으로 누군가와 친해질 가능성이 열리면 바로 '나의 부족한 모습을 보면 저들은 나를 싫어할 것이다. 그리고 곧 떠날 것이다'라는 장애물을 놓습니다.

:(
타인의 단점은 자신의 단점입니다

간절히 원하면서도 친밀감을 만들지 못하는 데에는 자기 불신감과 더불어, 실망하고 떠나 버릴 타인에 대한 불신감이 큰 탓입니다. "내가 실수를 좀 한다 해서 저 사람이 날 떠나겠어?" 당신이 만약 이런 마인드로 산다면 저는 박수를 보내고 싶습니다. 타인에 대한 신뢰감이 없는 사람들은 자기감정을 터놓고 얘기하지 못합니다. 가족에게도 어느 정도는 얘기하지만 전부 다 털어놓는 건 꺼리지요. 왜일까요?

모든 걸 다 털어놓았다가는 나중에 그것들을 빌미로 자신을 곤란하게 할 것만 같기 때문입니다. 어쩌면 자신을 비웃거나 조종하려 들지도 모른다는 생각, 자신의 약점은 자신을 언제든 위기에 빠뜨릴 수 있는 것이니 늘 경계해야 한다는 생각…. 그런 이들에게 누군가를 신뢰한다는 것은 자신이 비난이나 배신을 당할 혹은 실패할 만한 함정을 파는 일처럼 느껴질 것입니다.

누구를 만나면 저 사람이 무엇이 부족하고 어떤 문제가 있는지부터 주목하는 사람들이 있습니다. 머리가 좋거나 예민하거나 사람 보는 눈이 탁월해서일까요? 직원 면접을 실시하는 면접관의 태도가 이런 것일까요? 맞선 자리에 나올 때 이런 시선으로 상대방을 평가하는 것일까요? 설사 그런 상황이라 해도 약점과 문제를 찾는 시각으로는 얻는 이익이 많지 않습니다. 더구나 누가 심사 보라고 한 것도 아닌데 끊임없이 이렇게 산다면 그 마음이 얼마나 긴장감으로 가득 차 있을까요?

일반적으로 우리가 발견하는 타인의 단점은 자신의 것이라고 생각하면 맞습니다. 내게 있는 문제를 타인이 가지고 있을 때 그 사람에게 거부감을 느낍니다. 이기적인 사람일수록 자기중심적인 사람을 잘 찾아내고, 돈에 엄격한 사람일수록 인색한 사람을 견디기 힘들어합니다. 내가 의지하고 싶은 마음이 클 때 상대가 의존성이 강하다고 비난합니다. 다른 사람의 모습을 보면서 자신의 결점을 떠올리게 되니 특별히 그 사람이 그 특성으로 인해 내게 무슨 짓을 하지 않아도 그냥 싫다는 느낌입니다.

다른 사람에 대한 거부감은 바로 자신에 대한 것으로서, 자기 결점을 인정할 수 없는 마음 때문에 자기와 비슷한 행동을 하는 사람을 잘 찾아내고 심하면 미워합니다. 어떤 경우에는 '나는 저 사람의 이러저러한 점이 싫다'라고 비난하지만 실제 그 사람은 그러한 점과 큰 관계가 없을 때도 있습니다. 자신의 못마땅한 부분이 있는데 상대가 보이는 아주 사소한 약점을 바로 그것이라고 뒤집어씌우는 형국입니다.

내 안에 있는 것을 밖에 있다고 비난의 화살을 돌리는 것을 심리학에서는 '투사'라고 합니다. '나는 이러저러해요. 이런 문제가 있어요.' 하며 자신의 문제점을 인정하기 너무 고통스러워서 스스로 보호하기 위해 사용하는 장치 중 하나라고 보면 됩니다. 때로는 과거 자신에게 좋지 못한 기억을 남긴 사람과 비슷한 사람에게 저항감을 심하게 느끼는 경우도 있습니다. 비슷한 특성을 가진 사람을 보면 (실제로는 비슷한 점이 없을 수도 있습니다) 자동적으로 누가 생각나고 그 사람의 외모도 말투도 다 불편해져서 지금 이 사람을 싫어하는 것, 그런 상태를 '전이'라고 부릅니다. 감정이 옮겨갔다는 뜻이니 이 또한 '사실'은 아닙니다.

'투사'와 마찬가지로 '전이'도 자기를 보호하려는 시도입니다. 누군가가 자기에게 '중요한 사람'이 되려고 할 때, 별 상관없던 사람에서 비로소 '친밀한 사람'이 될 것 같은 바로 그 순간에 그 사람의 이런저런 습관과 태도 전부 불편해지기 시작합니다. 과거에 자기를 버린 '중요하고 친밀했던' 사람과 같은 사람이라고 여기는 것입니다.

:(
누군가에게 의지하는 게 두려운가요?

스스로를 보호하기 위해 그들은 용의주도하게 다른 사람들의 동기와 정직성, 진실성을 의심합니다. 심지어 오랫동안 함께 살아온 배우자와도 친밀한 의사소통을 못하고 내밀한 감정을 비치지 않습니다. 당연히 성적인 관계에서도 만족감을 못 느낍니다. 신체적인 접촉도 친밀감의 위협을 가져오기 때문입니다. 성의 육체적인 측면에는 탐닉하지만 정서의 연결로 이어지지는 않습니다. 아내를 경계하고 의심한 한 남자에게 물었습니다. "부인이 당신을 배반한 적이 있나요?" 답변은 물론 "아니오."였습니다. 그런데도 아내에게 마음을 여는 게 그에게 여전히 위협적입니다. '아내가 이러저러해서…' 해서 문제가 시작된 것이 아니라 남자의 오랜 핵심 문제에서 비롯된 것이기 때문입니다. 가끔은 치료 중에서도 이런 경험을 합니다. 어떤 사람은 상담자인 저와 가까워졌다고 느끼면 상담자인 저나 치료 자체에 대해 비판적인 태도를 갖습니다. 가끔은 약속을 어기기도 하고 치료를 그만두자고도 합니다. 이런 행동의 내면에는 '이제 내가 당신에게 의지할 것 같아요. 그게 두려워요'라는 마음이 있습니다.

누군가에게 의존하는 게 두려운 이유는 삶의 통제력을 잃게 된다는 느낌 때문입니다. 자기 삶을 누군가가 통제하도록 내준다고 생각해 이제 자신의 모든 것을 남이 좌지우지하게 될 것 같은 것입니다. 신뢰와 마찬가지로 의존하는 마음이 자신을 한없이 약하게 만들 것 같고, 타인에게 나를 마음 놓고 비난해도 좋다는 면죄부를 주는 것만 같습니다. 이들은 타인과 서로 의지하면서도 독립적인 관계가 될 수도 있다는 생각을 못합니다.

이렇게 의존성을 염려하는 데는 아이와 부모와의 관계를 상정해 볼 수 있습니다. 어린아이는 양육자인 부모에 의해 모든 것이 결정되고 충족됩니다. 그래서 아이들은 부모가 자신을 알아주고 만져 주고 안아 주기를 원합니다. 그들이 자신의 감정과 욕구를 인정해 주기를 바랍니다. 이런 요구가 거부당하면 아이는 자신의 욕구가 중요한 것이 아니라는 메시지를 받습니다. 아울러 자기는 누군가가 곁에 있어 줄 만한 가치가 있는 사람이 못 된다고 여깁니다. 욕구를 만성적으로 거부당하면 급기야 자신이 누군가에게 의존할 권리가 있을까 의심합니다.

대인 관계에서 의존에 대한 욕구는 상호 연결에 기초합니다. 그래서 한쪽이 무시를 통해 버려지면 그 관계의 다리는 무너집니다. 당연히 의존할 대상을 갖지 못한 아이는 자신에게는 의존할 권리가 없다고 생각합니다. 그리고 사라지지 않는 의존 욕구(일정 나이가 될 때까지 아이는 전적으로 부모에게 의존할 수밖에 없습니다)에 대해 수치스럽게 생각합니다. 이제 남은 방법은 억압하고 닫아 버리는 것뿐입니다. 이처럼 친밀감과 의존성 사이에서 방황하는 데는 친밀했던 사람에게서 버림받은 기억이 큰 역할을 합니다. 또는 직접 버림당하지 않았어도 부모가 끊임없이 지적하면서 양육을 했다면 그것도 원인이 됩니다.

앞서 언급한 배낭여행을 다녀온 대학생에게는 목소리만 들려도 바짝 긴장하게 만드는 아버지가 있었습니다. 그의 아버지는 식사 습관, 옷차림, 말투나 표정, 심지어 TV 채널을 선택하는 것까지 사사건건 질책했습니다. 그래서 그는 어느 때부터 아버지가 퇴근하면 방에서 나가지 않았습니다. 만약 그의 아버지를 만나 "그때 왜 그러셨어요?"라고 묻는다면 틀림없이 이렇게 대답할 것입니다. "아들을 사랑하니까요. 다 잘되라고 그런 거예요. 어디 가서 욕 안 먹는 의젓한 남자로 키우고 싶었습니다."

의도하지 않았더라도 결과는 그 반대로 나타났습니다. 아이는 아버지에게 비난받는 부분도 자신의 한 부분이라고 생각하지 못했습니다. 마치 그 부분은 자신이 아닌 것처럼 분리시켜 버렸고 스스로에 대해 조건부 존중을 키웠습니다. '이렇게 할 때에만 난 괜찮은 애야. 내가 저렇게 행동한다면 그건 내가 형편없다는 거야.' 여기서 '이렇게'와 '저렇게'는 아버지의 비난과 관련 있습니다. 아버지의 사랑을 조건부로 인식하면서 자신에 대해서도 조건부 존중, 조건부 자존심, 조건부 가치를 매긴 것입니다.

하지만 그들이 조건부 가치를 두고 있는 (자신의 약점이나 문제라고 여기는) 것들이 대체 무엇일까요? 사람이란 때로 지루하기도 하고 무능력하기도 하며 창조성이 없거나 단정하지 못하고 머리가 잘 안 돌아갈 때도 있습니다. 그들 스스로 약점이라고 생각하는 것들은 사실 보통 사람들에게 당연하게 있는 인간적인 특질일 뿐입니다. 인간의 모습이란 원래 불완전하고 실수투성이입니다. 하지만 그들은 그것들을 숨기는 과정이 인생이고, 노출은 그 자체가 실패라고 여깁니다. 신뢰감도 없이 의존하지 않으면서 친밀감을 느낀다는 것은 애초에 불가능합니다. 그리고 친밀감이 없는 인생은 슬럼프와 아주 가까이 있습니다.

:(
슬럼프라는 말은 다시 말해 외롭다는 말이랍니다

남에게 비판적인 사람들은 자식을 키울 때 특히 큰 문제를 일으킵니다. 아이가 무엇을 잘했을 때에도 '다음에 더 잘해야 한다'는 말을 붙여야 직성이 풀립니다. 이들의 관심은 늘 '무엇을 잘하지 못했나?'여서 무엇을 잘했다는 말로 끝맺을 수 없습니다. 그들이 그런 태도로 사는 이유는 '내적 불안감' 때문입니다. 타인의 결점과 실수에 민감한 사람들은 한 사람의 생각이나 느낌을 그 사람의 '통합된 전체'로 보지 못하고 '분리'해 버립니다.

어떤 사건이나 사람이 오로지 한 가지 색깔, 냄새, 특질로 된 경우는 없습니다. 검정인 줄 알았는데 흰색이 섞여 있고, 노랑인 줄 알았는데 연두색이 함께 있기도 한 것이 사람이고 사람의 일입니다. 전반적으로 통합해 보니 "짙은 회색이군!" "밝은 연두색이군!" 하고 말하는 데는 아무 문제가 없습니다. 회색이건 검정이건 흰색이건 어떤 것이어도 다 전체적으로는 그 사람이고, 그 사람에 속한 것들입니다. 어찌 되었건 그 사람의 것으로 받아들일 준비가 되어 있을 때 세세한 것들은 그리 큰 문제가 아닙니다. 상대방이 너그러운 줄 알았는데 까다로운 면모가, 인심이 후한 줄 알았는데 돈에는 철저한 모습이, 느긋한 줄 알았는데 성급한 면이 있다 해도 마찬가지입니다. '이런 저런 모습이 다 모여서 저 사람이구나!'라고 받아들일 수 있다면, 심각한 결점이나 약점은 없는 것입니다. 그저 이 사람은 이 사람으로서, 저 사람은 저 사람으로서 한 사람이 존재한다는 것을 알기 때문입니다.

그렇다면 조금이라도 까다로운 면이 있어 안 되고, 인색해서 별로고, 성급한 사람이어서 말하기 싫다고 생각하는 이들은 왜 그런 걸까요? 그들은 사람, 생각, 행동을 이쪽 끝 아니면 저쪽 끝으로만 생각합니다. 누구를 사랑해도 완벽하게 하거나 아니면 증오해야 옳습니다. 거기에 중간은 없습니다. 주변 사람들도 좋은 사람이나 나쁜 사람으로 구분합니다. 너그럽거나 까다롭거나, 겸손하거나 잘난 척하거나, 매사에 양자만이 있을 뿐이지 이것저것이 혼합되어 있다고 보지 않습니다.

통합적으로 사람과 사건을 받아들이기 위해서는 넓은 그릇이 필요합니다. 밥을 비빌 때는 밥과 나물의 분량보다 훨씬 더 큰 그릇이 필요한 것과 같습니다. 내 안이 편편하고 널찍하여 이런 저런 모습과 특징들을 다 담아내고 섞을 수 있어야 합니다. 하지만 내 안에 상처가 깊고 고통이 많아서 그것들이 수많은 기둥이 되고, 웅덩이가 되고, 울퉁불퉁하게 되었다면 어떨까요? 조금이라도 마음에 들지 않는 특성이 발견되면 생각은 곧바로 이쪽에서 저쪽 극단으로 옮겨져 '아주 나쁜, 상종하지 못할, 피해야 마땅할' 사람으로 보고야 맙니다. 그래야 그 사람과 관계를 정리할 수 있고, 그래야 비로소 내가 안전해지리라 믿기 때문이지요. 외로운 당신의 슬픈 사이클입니다.

이런 사고방식은 스스로에게도 똑같이 적용돼 자신의 실수와 약점을 가혹하게 대합니다. '늦잠을 자다니 난 구제불능이다.' '그런 생각을 하다니 머리가 나쁜 것이 분명하다.' '다른 아이들은 다 아는 문제를 나만 틀렸다.' '부장님이 이번 연수에 다른 직원을 보낸 것은 내가 그 사람보다 능력이 없다는 증거다.' 등 이런 식의 생각을 하면 할수록 곤란에 처했을 때보다 더한 불필요한 고통까지 감수해야 합니다.

그렇지 않아도 힘든데 스스로를 열등하게, 타인을 천사에서 악마로 만든다면 얼마나 고통스러울까요? 물론 본인은 그렇게 생각하지 않습니다. 이렇게 양극단의 분리를 통해서 자신은 헷갈리지 않고 본질을 잘 파악할 수 있으며, 혼란에서 벗어나 더 큰 상처를 막을 수 있다고 여깁니다. 하지만 바로 그 심정이 이들의 취약한 심리 상태를 그대로 나타냅니다. 그렇게라도 해서 보호해야 할 대상이 '자기'인 것입니다.

'이거 아니면 저거'라는 식의 행동은 결코 매력적이지도, 쿨하지도 않습니다. 그저 수용하고 통합하는 데에 필요한 심적인 여력이 없는 상태일 뿐입니다. 아마도 이런 사람이 근처에 있다면 문제가 늘 있을 겁니다. 원리주의자, 경직된 종교론자, 판단내리기 좋아하고, 처벌 주기를 즐기고, 수치심에 근거한 흑백논리식 평가는 결국 좋은 관계의 사람을 모두 쫓아버리고 외로움만 남게 만듭니다. 외로움은 슬럼프와 동의어이기도 합니다.

감정은 숨기는 것이 아니라
표현하는 것입니다

슬럼프에 빠졌다며 상담실을 찾는 대부분의 사람들은 외로움을 호소합니다. "얘기할 사람이 아무도 없어요." "누구도 나를 이해하지 못해요."와 같이 답답함을 토로하면서 또 많은 경우 그 '아무'나 '누구'라는 주변 사람들 때문에 상처를 입고 어쩔 줄 몰라 합니다.

상처의 대부분은 남들의 태도와 행동 때문입니다. 그들이 나를 만족시켜주지 않아서 가볍게는 실망하고, 크게는 억울해 하거나 분개합니다. 세상에 내 마음 같은 사람도 없을 뿐더러 믿을 수 있는 사람도 없다는 절박함은 당사자를 외롭게 하면서 사람을 찾게 만드는 모순을 낳습니다. 흥미로운 것은 사람을 필요로 하고 의존할 대상을 애타게 찾는 사람이 실제로는 친밀감을 경험하는 데 더 실패한다는 것입니다. 이들이 사람들에게 트집을 잡거나 심한 경쟁심과 시기심을 보이는 행동도 사실 사랑받고 보살핌을 받는다는 확인을 받고 싶은데 현실에서는 그런 확인을 못 찾을 것 같다는 불안감 때문에 나오는 것입니다. 확인이란 어떤 것일까요? 상대방이 내 마음을 알아주고, 나를 충분히 걱정해 주고, 나를 위해 기꺼이 무엇인가를 해주려는 것이 내게 전달된다면 그런 생각만으로도 마음이 놓이는 일이 아닐까요?

사람에게는 누구나 공감하는 능력이 있습니다. 공감은 생명체가 살아남고 성장하는 데 없어서는 안 되는 능력이요, 과정이기 때문입니다. 이 능력은 인간에게만 주어진 독특한 것이라고 합니다. 아기는 태어날 때부터 엄마를 바라보고 자신의 상태를 알려야만 생명을 유지할 수 있습니다. 엄마가 아기에게 젖을 먹이는 자세처럼 완벽하게 인간과 인간이 눈을 맞출 수 있는 자세는 없습니다. 엄마 품에서 아기는 젖을 먹지만 사실은 감정을 교류하는 것이요, 감정의 교류를 통해서 필요한 것들을 알리고, 얻고, 세상이 그렇게 불안하거나 무서운 곳이 아니라는 것을 믿게 됩니다. 두뇌의 성장 면에서도 교감과 애착은 꼭 필요합니다. 이러한 정보가 뇌의 변연계를 자극하고 이를 통해 이루어지는 신경의 조율이 다시 변연계를 교정함으로써 뇌를 성숙시킵니다. 즉, 엄마(중요한 어떤 한 사람)와 정서적 교감 없이는 인간으로 성장할 수 없습니다.

우리가 성인이 되어 다른 사람과의 관계에서 기대하는 것도 이런 교감이요, 공감입니다. 그래야 비로소 두려움이나 긴장이 아닌 안정과 편안함을 느끼고 만족스러운 관계가 만들어진다는 걸 알게 됩니다. 하지만 여기서 중요한 것이 순서입니다. 공감은 내가 먼저 남에게 내 생각과 마음을 드러낸 후에 따라옵니다. 그런데 우리는 남의 반응에 먼저 신경을 곤두세우거나 그것만 하고 있습니다. 인간관계에서 가장 필요한 건 타인의 반응이 아니라 자기 자신, 즉 자신이 행동하고 느끼는 방식에 대해 스스로 관찰하고 이해하면서, 타인에게 그것을 보여주는 것입니다. 자신이 생각하고 느끼는 것을 그대로 드러내는 것을 '진솔한 자기표현'이라고 합니다. 자기를 표현한다는 것은, 이를 통해 다른 사람의 주목을 받거나 감명을 주거나 내가 옳다는 것을 증명하고 이익을 얻으려는 의도가 아니라 그 자체로 자신을 드러내는 방식일 뿐입니다.

솔직한 표현만이 상대를 감동시키고 공감을 얻을 수 있다는 말은 너무 당연하지만 실제로 이것을 힘들어 하는 사람들이 너무나 많습니다. 어린 시절부터 감정과 경험을 숨기면서 사는 것에 익숙해진 사람들에게 진솔한 자기표현은 매우 어려운 일입니다.

:(
말하지 않으면 절대 모릅니다

결혼한 지 3년이 되었다는 부부. 심각한 표정으로 상담실에 들어와 앉아 남편이 먼저 무겁게 입을 열었습니다. "이 사람이 나랑 얘기가 안 통한다고 해서요, 전 뭐가 안 통한다는 건지 모르겠고요." 부부 사이가 어려워진 데에는 근래 친정의 경제 사정이 나빠진 것과 아내와 시어머니와의 관계가 자꾸 엇나가는 것 등 여러 요인이 복합적으로 있었습니다.

이런 외부 상황과는 별개로 소통이 안 되는 두 사람의 문제를 가장 극적으로 보여준 일화가 있습니다. 결혼하고 얼마 안 되었을 때, 아내가 정성껏 여러 반찬을 만들어서는 제일 예쁜 그릇을 골라 잔뜩 모양을 내서 담아 놓고 남편을 기다렸습니다. 남편이 감탄할 모습을 상상하며 흐뭇하게 미소 지었는데, 귀가한 남편은 식탁을 보자마자 양푼을 가져오라 했습니다. 의아해하며 갖다 준 양푼에 그 예쁜 그릇의 반찬들을 한꺼번에 다 쏟더니 썩썩 비벼 먹었습니다. 아내는 아직까지도 그 당혹스런 장면을 '이해할 수 없는 남편' '자기와 뭔가 통하지 않는 남편'의 증거로 기억하고 있었습니다. 한편 상담실에서 이 말을 처음 듣는다는 남편도 그날 밥상을 또렷이 기억하고 있다며, 아내만큼이나 기막혀했습니다. 그는 밥상을 보는 순간 너무 고마워서 아내가 애쓴 이 소중한 반찬을 하나도 남기지 않고 먹으려고 양푼을 달라고 했다는 것입니다.

동상이몽의 이 일화를 이해하려면 두 사람이 성장한 각자의 집안 분위기를 알아야 했습니다. 아내는 어릴 때부터 어머니가 하숙을 해서 경제적으로 넉넉하지는 않았어도 늘 반찬 가짓수가 많고 격식을 갖춰 차린 밥상이 있었고, 그것이 당연하다고 여기며 자랐습니다. 한편 남편은 부모님이 모텔을 해서서 늘 카운터 옆 작은 공간에서 대강 밥을 먹는 것이 예사였습니다. 식구들이 둘러 앉아 제대로 차려 먹는다는 것이 무엇인지 모른 채 자랐습니다. 이렇게 서로 다른 두 사람이 겪은 그날, 아내는 당혹감이 모욕감으로 번지면서 입을 닫아 버렸습니다. 남편은 아내의 개운치 않아 하는 표정에 압도당해 또 아무 말도 하지 못한 채 3년을 끌었던 것입니다.

정말 안타깝게도 우리는 정작 공감이 필요한 힘든 경험에 대해서 진솔한 자기표현을 더욱 하지 않습니다. 힘든 감정을 표현하는 것 자체를 구질구질하게 여기거나, 서툴고 우스운 사람이 하는 일로 여깁니다. 혹은 자존심 때문에, 고집 때문에, 해 보지 않아 너무 어려워서, 여하튼 남에게 절대 보이지 않으려고 합니다. 친구들이 모여 앉아서 이야기하는 장면을 상상해 봅시다. 그중 정말 자기 이야기를, 자신의 힘들고 어려웠던 이야기를 과연, 누가, 얼마나 할까요?

우리는 자신에 대해 이야기하지 않고 다른 사람의 일에 대해서만 장황하게 떠드는 사람들을 종종 봅니다. 혹여 자기의 이야기를 하더라도 우월감을 내비치거나 자랑거리를 둘러댑니다. 이렇게 무의미한 히스테리적인 대화로 공허한 내면을 채우면서 정작 심리적인 고통은 서로 외면합니다.

힘들고 나빴던 경험을 말한다는 것은 '내게 그렇게 한 그 상대방'을 찾아서 대면해야 한다는 뜻이 아닙니다. 여기서 중요한 것은 내가 힘들었던 그 경험을 감정적으로 힘든 것임을 스스로 알아주는 것입니다. 그럴 경우, 나쁜 일을 겪었고 부당한 대우를 받았다는 사실 자체는 변하지 않아도 그 일과 연관된 불만스러운 감정은 해소됩니다. 그리고 우리 정신에 더 나쁜 결과를 가져오지 않습니다.

:(
감정 표현도 쓰기나 읽기처럼 훈련해야 합니다

자신의 모든 생각과 행동은 개인적인 체험이어서 자신만이 알 수 있습니다. 그 안에는 무의식적인 동기와 어두운 그림자가 포함되었을 것이며, 고통과 상처의 경험도 들어 있을 것입니다. 자신을 성찰하는 시간을 가지면 기억의 창고에 저장된 과거 경험들을 만나고, 이를 통해 현재 관계 맺는 사람, 사건들과 그 경험이 깊이 연관되어 있음을 알 수 있습니다. 하지만 대부분 우리가 먼저 주목하는 것은 다른 사람입니다. 다른 사람이 어떤 기분인지, 무엇이 필요한지, 나를 어떻게 생각할지에 더욱 신경 씁니다.

사람은 자신을 솔직하게 표현함으로써 자기가 누구인지 알게 됩니다. 성찰을 통해 기억과 경험을 인식하면서 감정을 불러오고, 긴장을 해소할 수 있습니다. 감정을 표현함으로써 고통이나 슬픔과 같은 진솔한 감정이 상대에게 전해집니다. 그러면 감정이 해소되어 기분이 상쾌해집니다. 원하던 것이 만족스럽게 채워지지 못하면 고통을, 잃어버린 것에 대해서는 슬픔을 느낄 것입니다. 이러한 과정을 통해 소통이 일어나고, 더 나아가 공감을 주고받을 수 있습니다. "누가 구질구질한 이야기를 듣고 싶어 하겠어요?"라고 묻는 사람들이 많지만, 그렇다고 잘난 척에 좋은 소식만 일삼는 이야기도 환영을 못 받기는 마찬가지입니다. 진솔한 자기표현이란 남들에게 힘들고 어려운 이야기만 하라는 뜻이 아니라, 자기 내면의 것들에 대해 자연스럽고 편하게 이야기하라는 것입니다.

진솔한 자기표현을 하는 사람들은 꼭 공통 화제가 없더라도 자연스럽게 이완되어 어떤 주제든 나눌 수 있습니다. 꾸밈없이 솔직하게 감정을 표현한다면 최악의 경험을 훨씬 더 적절히 극복할 수 있습니다. 스트레스를 받아도 건강하게 살아갈 수 있습니다. 우리는 이성의 필요성을 강조하지만 사실은 냉철한 이성 역시 언제나 감정에 의해 영향을 받고 통제됩니다. 진솔한 감정 표현이야말로 나약함의 표시가 아니라 강한 사람의 모습입니다.

외로움에서 벗어나기 위해서는 자신을 알고, 자신의 감정을 표현해야 합니다. 감정을 표현하라고 하면, 있는 그대로 느끼고 말하면 되니까 그리 어려울 것이 없어 보입니다. 하지만 실제로는 감정의 표현도 쓰기나 읽기처럼 훈련해야 합니다. 태어날 때부터 읽기와 쓰기가 가능했던 사람은 없습니다. 오랫동안 감정을 억눌러 온 사람들은 감정을 느끼는 것부터 매우 힘들어합니다. 할 줄 모른다는 뜻입니다. 누구에게나 감정은 있습니다. 감정은 저절로 생겨나는 것이나, 그 감정을 표현하거나 억제하는 것은 우리의 선택에 달려 있습니다.

감정을 제대로 표현하기 위한 첫 단계는 자신이 감정을 잘 느끼지 못하고 표현하지 못한다는 것을 인정하고 걸음마부터 배워 보겠다고 결정하는 것입니다. 아니, 그보다 먼저 '그렇게 해도 된다'고 믿는 것부터 시작해야 합니다. 그렇게 해도 부끄럽지 않으며, 구차한 것도 아니고, 상대가 당황하지도 않을 것이며 아무도 상처입지 않는다는 것을 믿는 것입니다. 이제부터 공감받고 싶은 사람들에게 마치 옹알이를 하듯 저 안에 있는 것들을 그대로 드러내 보세요.

진짜 감정, 진짜 주제를
이야기하세요

심리학자 윌리엄 글래서는 정서적인 문제는 현재 인간 관계에 만족하지 못하거나 인간관계라고 할 만한 것이 없는 상태, 둘 중 하나 때문에 발생한다고 했습니다. 즉, 인간이 경험하는 분노의 원천은 인간관계, 인간관계의 갈등인데, 여기서 그런대로 만족감과 통제력을 갖지 못한 채 살아갈 때 문제를 겪는다는 말입니다.

인간관계에서 문제나 갈등이 생겼을 때 진정한 의미로 타협하고 화해하는 일은 매우 가치가 있습니다. 여기서 '진정한 의미'란 관계를 맺는 사람들 각자의 입장과 욕구가 충분히 고려된다는 뜻입니다. 하지만 뭔가 껄끄럽다는 이유로 우선 화해부터 하고 보자는 태도는 또 다른 분노만 억누르게 할 뿐입니다. 관계를 깨뜨리고 싶지도, 상대방을 화나게 하고 싶지도 않다는 생각은 지금 자신이 원하는 것을 하찮게 여기도록 만듭니다. 그리고 마침내 원래 자신도 상대방과 같은 것을 원했다고 결론을 내립니다.

이런 과정은 자신이 원하는 것을 구체화시켜서 자기의 실제 모습에 다다르게 하는 길을 막습니다. 말하자면 상대방이 규정해 주는 내용과 방식으로 자신을 규정하고 인정해 버리는 무의식적인 '자기 파괴' 과정인 셈입니다.

:(
관계를 깨뜨리지 않기 위해 끄집어 낸 가짜 주제

우리는 어떤 일이나 주제에 대한 의사 결정을 하면서 가까운 사람들과 부딪칠 때가 있습니다. '이 일을 해야 하나? 말아야 하나?' '지금 해야 하나? 나중에 해야 하나?' 논쟁을 하고 얼굴을 붉히다 보면 마치 그 결정이 세상에서 가장 중요한 것처럼 서로 온몸을 던지게 됩니다. 그러다 어느 정도 시간이 지나고 나면 그 일이 그렇게 중요했는지 의문을 가지곤 합니다.

한 부부가 저녁 메뉴 문제로 다투었습니다. 이 일을 상대방이 얼마나 배려가 없는 사람인지에 대한 근거로 삼았습니다. 저녁으로 무얼 먹을지 합의하지 못한 그들의 저녁 시간은 전쟁터가 되었습니다. 저녁 메뉴가 정말 그들이 겪는 문제였을까요? 전쟁터를 연상하게 할 만큼 치열하게 싸워야 할 주제였을까요? 아닐 겁니다. 이런 것들을 '가짜 주제'라고 부릅니다.

가짜 주제란 서로 다른 견해 같은 것입니다. '어디를 갈 것인가' '무엇을 살 것인가' '무엇을 할 것인가' 하는 것들에 우리는 서로 다른 의견이 있습니다. 그리고 그것을 가지고 격렬하게 다툽니다. 하지만 여기서 '진짜 주제'는 그 결정을 하는 데 누가 더 영향력을 행사하는지를 확인하고 싶은 것일 뿐 싸움의 원인이 된 그 주제 자체는 아닙니다. 여기서 밀리면 자신의 위신이 떨어진다는 생각, 이 파워 게임에서 이겨야 한다는 생각이 실은 진짜 주제입니다. 진짜 주제를 다루지 않는다면 가짜 주제는 반복됩니다. 다만, 이번 다툼이 저녁 메뉴 문제였다면 다음은 쇼핑이나 육아 따위로 그 주제가 바뀔 뿐입니다.

한 예로 싸움이 그치지 않는 한 부부를 살펴볼 수 있습니다. 싸움의 단골 주제는 남편이 아이 문제에 너무 신경을 안 쓴다는 것이었습니다. "당신이 아이에 대해 아는 게 뭐 있어요? 대체 아빠 없는 아이와 다를 게 뭐예요?" 아내가 이렇게 따지고 들면 남편은 자신이 아이에게 못해준 게 대체 뭐냐고 받아칩니다. 그리고 지난주에는 무엇을 해 주었고, 그 전주에는 무엇을 같이 했다는 식으로 하나둘 증거를 들이댑니다. 거기다 한술 더 떠서 "당신도 사회생활을 해 봐. 당신은 아마 나 정도도 못할 거야."라고 쏘아붙입니다. 이 부부 싸움의 진짜 주제는 무엇이었을까요? 아내는 남편에게 "당신이 나와 시간을 많이 보내주지 않아서 화가 나요!"라고 말하고 싶었던 것이고, 남편은 "요즘 난 내 일에 자신이 없어져서 두려워. 당신의 위로가 정말 필요해!"라는 말을 하고 싶었던 것입니다.

또 다른 예를 들면, 아이도 어느 정도 키워 놨으니 다시 일을 해 보겠다는 아내의 이야기를 들 수 있습니다. 하지만 남편은 이렇게 말했습니다. "나도 그렇게 하라고 하고 싶어. 하지만 당신이 바깥일을 하면 아이한테 소홀해질까 봐 찬성하지 못하겠어." 아내는 직장 생활을 하면서도 아이를 잘 키우는 다른 사람들의 이야기를 합니다. 이에 질세라 남편은 그 반대의 경우를 시시콜콜 쏟아 놓습니다. 이렇게 되면 다툼은 끝날 수가 없습니다. 상반된 예들은 수도 없이 많기 때문입니다.

'누구의 말이 옳은가'로 싸우는 것은 가짜 주제입니다. 어쩌면 진짜 주제는 "당신이 새 일을 시작하게 되면 우리 관계에 어떤 영향이 올까 봐 염려돼." 내지는 "당신이 정열적으로 일을 시작하는 모습이 내 일에 만족하지 못하는 나의 자존심을 건드려서 그래."일 수 있습니다.

반복되는 다툼을 멈추기 위해서는 서로 진짜 주제에 대해 말할 수 있어야 합니다. 자신이 실제로 두려워하는 것이 무엇이며, 무엇이 불만스럽고 힘든지 솔직하게 드러내야 합니다. 그 내용은 어쩌면 자신의 약점을 내비치는 것일 수도 있고, 유치한 것일 수도 있습니다. 간혹 그동안 제대로 된 상호 작용 없이 살아온 자신의 모습을 맞닥뜨려야 할 수도 있습니다.

:(
진짜 주제가 가져올 파국이 두려운가요?

'관계'는 두 사람이 시소를 타는 것과 같습니다. 어느 한쪽이 일방적으로 무겁고 다른 쪽이 가볍다면 그건 영 재미없는 시소 타기가 될 수밖에 없습니다. 여기서 '무겁다'는 것은 개인의 파워를 의미합니다. 대부분 가벼운 쪽 즉, 파워를 행사하지 못하고 살아온 쪽은 많은 불만과 갈등을 느끼며 그것을 억압하고 살게 됩니다. 그렇다고 해서 파워를 많이 가진 쪽이 신나고 재미있는 삶을 사는 것도 아닙니다. 하나의 인격체로 진정 존중받고 대접받는다는 느낌이 없기 때문입니다. 결국 두 사람의 상호 작용은 의미가 없습니다.

이렇게 가짜 주제를 내세우고 감정을 억압하면서도 관계에 남아 있는 이유는 무엇일까요? 그것은 상대를 받아들일 수도 없고 내칠 수도 없고, 그렇다고 만족스러우면서 건설적인 관계를 모색하는 것도 역부족이기 때문입니다. 이들에게 변화를 시도하기란 두려운 일입니다. 오랜 세월 억압되어 온 감정의 무게가 너무 크기 때문입니다. 진짜 마음이라도 설핏 내비쳤다가는 모든 게 와르르 무너지면서 파국으로 치달을 것만 같습니다. 그래서 나름대로 가짜 주제를 사용해 불평을 하고 맞춰 보려고 하지만 소용없습니다.

만약 상대방에게 진짜 이유를 들이대면서 달라질 것을 요구했다고 가정해 봅시다. 하지만 상대방은 여전히 달라지는 게 없습니다. 자, 이제 어떻게 해야 할까요? 상대방과 불만족스러운 관계를 유지하겠다는 말도 내키지 않고, '이런 상황이 바뀌지 않는다면 떠나겠다'고 말할 자신도 없습니다. 앞으로 어떻게 해야 할지 방법을 모를 뿐더러 여기서 필연적으로 발생할 우울증이나 불안감에 대처할 준비도 되어 있지 않습니다. 그래서 가장 안전한 방식의 하나인 가짜 주제를 놓고 싸우면서 양쪽 모두 어느 방향으로도 발걸음을 떼지 않으려 합니다.

:(
잘못된 분노는 악순환만 가져옵니다

분노에 관해 이야기하면 '화를 내야 한다' 혹은 '분노를 겉으로 드러내자'는 말로 이해해 "저는 언제나 화를 내고 있어요."라거나 "전 분노를 너무 드러내서 탈이에요."라고 말하는 사람들이 있습니다. 이런 사람들이 보여 주는 분노는 상황을 더 어렵게 만드는 분노라는 공통점이 있습니다. 분노를 잘못 표현하면 문제를 해결하지 못합니다. 뿐만 아니라 두 사람 사이에서 작용하고 있는 잘못된 규칙을 더욱 확고하게 만들어 오히려 변화를 일으날 수 없게 만들기도 합니다. 분노 자체를 가지고는 우리에게 무엇이 잘못되었고, 어떻게 하면 더 나아질 것이라고 말할 수 없기 때문입니다.

흔히 우리가 화를 내는 것은 '너 때문에 이렇게 화가 났으니 네가 변해야 한다.'는 메시지를 상대방에게 전달하는 것입니다. 이 과정에서 자신의 상태를 명료하게 설명하고 스스로를 변화시키는 데에는 실패하기 쉽습니다. 대부분 상대방은 단번에 '그렇게 하겠다'라거나 '알겠다'라고 하지 않습니다. 그렇게 할 상대방이었다면 애초에 당신이 화가 나지도 않았을 테니까요. 엄밀히 따지면 불평하거나 비난하기, 따지기 등은 실제 상황을 그대로 유지시키거나 오히려 악화시키는 비효과적인 화내기 모습입니다. 아무것도 처리하지 못하고 악순환에 빠뜨리기 일쑤입니다.

불 같이 화를 냈는데도 상대방이 변화하지 않는다면 이제는 그 불공평한 상황에 남아 있을지 떠날지를 결정해야 합니다. 당연히 떠난다는 것은 계획에 없습니다. 떠날 수 있는 관계라면 그렇게 화가 나지도 않았을 것입니다. 그래서 서슬 퍼런 화를 가라앉히고 불공평한 환경에 계속 남아 있게 됩니다. 그 결과 자존감은 떨어지고 자기모멸감, 우울증 등이 생깁니다. 이것은 별것 아닌 것에도 화를 만드는 재료가 됩니다. 이로써 방향이 틀린 분노의 악순환이 시작되고, 오히려 상대방의 세력은 커지며 시소의 불균형은 더욱 심해집니다.

화를 잘못 내는 사람들이 범하는 대부분의 오류는 타인을 변화시키는 데 주목한다는 것입니다. 타인의 믿음이나 생각, 태도, 행동 따위를 바꾸겠다는 시도는 늘 하나의 경로를 밟습니다. 타인은 변하지 않고 화 낸 사람의 불평불만은 점점 늘고 결국 더 많은 화를 불러온다는 경로 말입니다.

분노를 나타내어 원하는 바를 이끌어낼 수 없다는 결론이 났다면 뭔가 다른 시도를 해 보는 게 논리적으로 타당합니다. 하지만 매우 흥미로운 점은, 우리 인간은 그 싸움이 되는 주제에 걸리면 계속 같은 방식으로 화를 내고, 같은 방식으로 상처받습니다. 똑같은 화와 상처를 되풀이하는 이유는 무엇일까요? 그것은 우리가 변화하려면 반드시 견뎌야 할 불안을 막아주기 때문입니다. 한 모녀의 경우를 살펴봅시다.

한번은 20대 후반의 워킹맘이 상담실을 찾았습니다. 그녀는 친정 엄마가 돌봐주는 6개월 된 딸이 있었습니다. 멋모르는 사람들은 어머니가 아이를 돌봐주니 얼마나 고마우냐고 말하지만, 정작 당사자는 친정 엄마와의 관계가 불편해 너무나 힘들어 했습니다. 모녀 간 다툼은 양육에 대한 견해차이에서 시작되었습니다. 모녀는 아이 문제를 놓고 크고 작은 문제에서 늘 부딪쳤습니다. 그녀는 퇴근 후에는 자기 방식대로 아이를 돌보고 싶어했고, 친정 엄마는 '넌 모른다. 그렇게 하면 안 된다. 이렇게 해야 된다'며 참견했습니다. 딸은 "엄마가 하는 방식은 옛날식이야. 요새는 이렇게 한다고!"라며 지지 않았습니다. "너도, 오빠도 이렇게 키웠다. 네가 아이 키우는 것에 대해 뭘 안다고 그러냐?"며 어머니도 주장했습니다. 여기서 더 언쟁이 오고가면 어머니는 크게 화를 냈습니다. "그렇게 잘 알면 네가 키워라!"

그녀는 화를 내고는 있지만 그 방향이 틀렸습니다. 화가 제 기능을 못하고 있는 이유는 '엄마가 틀렸으니 고쳐야 한다'라고 주장하는 탓입니다. 다른 사람을, 그것도 부모를 고치겠다고 달려들면 양쪽 모두 심각한 갈등과 패배감에 빠지게 됩니다. 자식에게서 뭐가 잘못되었으니 고치라는 말을 들으면 어머니는 더욱더 자신의 신념에 매달리고 완고해질 뿐입니다. 그리고 사실 양육에 대한 세세한 충돌들은 모두 '가짜 주제'에 불과합니다. '진짜 주제'는 어머니로부터 독립하고 싶은 딸의 주제와, 딸에게 아직은 영향력을 더 행사하고 싶은 어머니의 주제가 부딪치고 있는 것입니다.

한편으론 이 모녀의 다툼은 사실상 그들의 관계를 보호해 주는 하나의 방편입니다. 겉으로 보기엔 매일이 전쟁이고, 딸은 친정 엄마 때문에 미치기 일보 직전이라고 했습니다. 그 다툼의 결과가 무엇이냐고 묻자 아무것도 변하는 것이 없다고 했습니다. 싸우는 당사자는 미처 깨닫지 못하지만 바로 이 지점, 결국엔 변하는 것이 없다는 사실이 싸움의 목적이자 결과입니다. 비효과적인 비난과 싸움에서 벗어나 분명한 주장을 펼치지 못하는 이유는 그로 인한 대가를 치르고 싶지 않아서입니다. 무의미한 싸움보다 변화를 위해 분명한 대가를 치르는 것이 훨씬 더 위협적입니다. 기존 관계를 깨뜨릴 수도 있기 때문에 그 일을 저지르는 게 두렵습니다.

'나 자신을 희생하더라도 현재의 관계를 유지할 것인가? 아니면 관계에 손상이 가도 내가 성장하는 쪽을 선택할 것인가?' 이런 질문을 접하면 대부분의 사람들은 (누군가의 전폭적인 지지가 없다면) 기존의 관계에 머무는 쪽을 선택합니다. 관계가 없는 것보다는 어떤 관계라도 있는 게 낫다고 생각하기 때문입니다. 특히 그것이 부모 자식이나 부부처럼 긴밀하다면 자신으로 인해 상대가 상처받는 것을 원치 않는다는 또 다른 변명거리까지 발동됩니다. 문제의 핵심을 건드리면 관계가 곧 깨질 거라는 그릇된 신념이 있기 때문입니다.

'화를 제대로 낸다'는 건 아무 때나 벌컥벌컥 화를 낸다는 뜻이 아닙니다. 그렇다고 화를 참는 것이 건강하다는 말은 더더욱 아닙니다. '진정으로 참는다'는 것은 겉으로 화를 드러낼 때와 아닐 때를 안다는 말입니다. 거절당하거나 버려질 것이 두려워 화를 못 내는 것이 아니라 스스로 화가 났음을 자각하되 지금은 화낼 때도 아니고 장소와 상대도 아니라서 감정의 표현을 보류하는 것입니다. 남은 모르되 자신은 화가 나 있다는 것을 압니다.

다른 사람과 의사소통을 하고 자신을 알리는 것도 참 중요한 일입니다. 하지만 그보다 더 중요한 것은 자신과 소통하는 것이고 자기를 알아주는 것입니다. 이것이 곧 자각입니다. 지금 어떤 상황인지 내 감정이 무엇인지 알고, 이 상황에서 내가 입은 상처와 공허감, 공포심, 절망감들을 없애려는 게 아니라 충분히 알아주는 것이 제대로 화내는 방법임을 유념하세요.

과거의 상처에
머물러 있는 사람

사랑, 세상에서 왜 가장
힘든 일일까요?

괴테는 인간이 사랑에 무력하다고 확신했습니다. 사랑은 고통이며 원하지 않더라도 반드시 할 수밖에 없는 것이요, 결심으로 어떻게 해 볼 수 있는 것이 아니기 때문입니다. "사랑은 열병과 같아서 사람의 의지와는 상관없이 우리를 덮쳤다가 사라진다."고 했던 스탕달의 말도 여전히 진리로 남아 있습니다.

과거에 비해 혼자 사는 사람들이 늘고 있습니다. 결혼을 꼭 해야 한다고 생각하지 않는 사람들도 많고, 그나마 결혼한 사람들은 쉽게 이혼을 하곤 합니다. 하지만 그런 것과 무관하게 모든 사람들은 사랑을 하기 원합니다. 또한 그 사랑이 성공하기를 바랍니다. 여전히 사랑의 결론이자 성공은 결혼이라고 보는 입장은 지배적입니다.

그런가 하면 결혼을 안 하겠다는 것도 아니면서 상당한 나이가 되어도 혼자 지내는 사람들도 많이 있습니다. 그들은 결혼에 이르기까지 '제대로 된 짝을 만나는 것'이 가장 중요한 이슈이며 그 만남과 헤어짐의 과정 속에서 지치고 속상해하다가 분노하고 절망하는 일을 반복합니다. 그 시간이 길어질수록 '난 문제가 많아. 이렇게 안 되다니, 난 정상이 아닌가 봐' 같은 스스로에 대한 아주 안 좋은 느낌들을 쌓아 가며 고통스러워합니다.

생각보다 많은 사람들이 이성 관계, 즉 '사랑'이 힘들어서 상담실에 옵니다. 사랑이 시작되지 않아 고민을 하거나 또는 누군가를 사랑하기 시작하면서 겪는 심리 상태로 어찌할 바를 몰라서, 또 끝난 사랑을 놓고 죽을 둥 살 둥 하며 상담실을 찾습니다.

사랑이라는 것이 마치 어떤 생명체처럼 나름대로의 규칙과 힘을 가진 채 자기 길을 가는 것처럼 느껴질 때가 있습니다. 도저히 통제가 안 되고 막상 사랑의 주체인 본인은 무력하다는 느낌에 휩싸입니다. 이렇게 고통스러우니 다시는 사랑 따위는 하지 않고 그냥 안정되고 마음 편한 싱글의 삶을 사는 것이 어떨까 생각하기도 합니다. 허나 사랑은 의지가 아니잖아요? 결심으로 되는 것이 아니지 않나요?

:(
부모를 본보기 삼아 사랑의 방식을 결정합니다

인간은 부모라는 본보기를 통해서 사랑에 대한 신념과 이론을 만들고 이 신념과 이론이 한 사람이 사랑하는 방식을 결정짓습니다. 지배적인 아버지와 순종적인 어머니를 보고 자란 사람은 둘 중 한 사람이 항상 상대방을 휘둘러야 한다고 생각할 것입니다. 그 관계가 고통스럽더라도 반드시 한 사람이 지휘하고 다른 사람은 복종해야 한다고 생각할 것입니다. 다른 식으로 관계를 맺을 방법이 있다는 것을 생각하지 못합니다.

아이를 잘 대하다가도 걱정거리가 있거나 술에 취하면 아이를 밀쳐버리는 변덕스러운 부모와 산 사람이 있다고 가정해 보겠습니다. 이들은 아마도 즐거운 순간을 누리기 위해서는 나쁜 순간을 참아야 한다고 생각할 것입니다. 최악이 없이는 최상을 얻을 수 없고 매 맞지 않고는 사랑도 없다는 것을 어린 시절의 교훈으로 새길 것입니다. 무의식적으로 사랑과 폭력을 관련지을 수 있습니다. 사랑의 증거로 폭력을 경험했기 때문에 자신도 모르게 배우자의 공격성을 유발할 수 있습니다. 늘 불화하는 가정에서 자라게 되면 사랑은 난투라고 생각하기 쉽습니다. 서로 싸우는 것은 사랑이 있기 때문이고 극단적인 열정을 표현한 것뿐이라는 식입니다. 이런 기제가 알코올 의존증이 있는 배우자를 택하게 하고, 폭력을 일삼는 남자 곁을 떠나지 못하게 합니다. 술과 폭력은 낯설지 않습니다. 그것의 시작과 중간과 끝을 알고 있으니 적어도 그 분야에서는 내가 어떻게 해야 할지 잘 알고 있다는 생각합니다.

'그런 부모 때문에 부모처럼은 살지 않겠다고 더 결심하게 되지 않나요?'라는 의문이 들 수 있지요. 실제로도 그럴 수 있습니다. 하지만 이런 다짐이 크게 효력을 발휘하지 못하는 까닭은 인간에게는 익숙한 상황을 되풀이하고 싶은 욕구와 그 상황을 다르게 전개시키고 싶다는 욕구가 함께 있기 때문입니다.

　이성 관계에서 어려운 면을 참는 사람에게는 현재 갈등을 통해 어린 시절에 경험한 고통을 별것 아닌 것으로 치부하거나 감추려는 욕구도 있습니다. 자신에게 가하는 현재의 이런 폭력이 불행한 어린 시절을 잊을 수 있게 하는 것입니다. 그만큼 어린 시절 부모에게 받은 상처는 평생을 따라다니며 삶에 그림자를 드리웁니다. 자존감은 파괴되고 정체성은 망가지며 삶은 스스로 위험한 길을 따라갑니다. 마음에 상처를 입은 아이는 자존감과 정체성을 훼손당한 채 살아남기 위해서라도 있는 그대로 현실을 보지 않으려 합니다. 당연히 지금 여기에 있는 상대방도 제대로 보기보단 자기의 과거를 반복하는 방식으로 본다는 것입니다.

　만약 이런 반복을 다른 사람이 하고 있다면 우리는 그 모습을 매우 당황스럽게 볼 것입니다. 어떻게든 말려야 한다고 생각할 것입니다. 하지만 우리는 남에게 나타나는 반복을 보는 만큼 자신에게 나타나는 반복은 잘 보지 못합니다. 그건 그저 아주 오래 전의 이야기일 뿐 이번만은 다르다고 말합니다. 허나 제대로 처리하지 않은 상처는 늘 현재의 사건으로 삶을 지배합니다. 아주 오래된 경험이라고, 이제는 잊었다고, 그까짓 것 아무렇지도 않다고 자부하더라도 마찬가지입니다.

:(
조건부 사랑의 위험

아동기에 심각한 결핍을 겪지 않았어도 우리 모두는 조금씩 상처를 안고 삽니다. 세상의 그 어떤 부모도 전혀 상처를 주지 않으면서 자식을 키울 수는 없습니다. 아이는 성장하면서 자신의 경험을 구별하고 어떤 경험들은 자기 것으로 깊숙이 간직합니다. 아이가 간직하는 경험에는 '어떻게 하면 나에게 좋은 느낌이 되더라.' '어떻게 하면 나쁜 느낌이 되더라'와 같은 것들이 대표적입니다. 여기서 좋은 느낌과 나쁜 느낌의 원천은 부모나 주 양육자의 반응이 절대적입니다.

아이의 원초적이며 타고난 욕구는 부모의 기대와 일치하지 않을 때가 많습니다. 따라서 부모의 애정을 얻으려는 아이는 어쩔 수 없이 자신의 원초적인 욕구와 부딪치는 욕구 목표를 갖게 됩니다. 쉬운 예를 들자면, 진짜 욕구는 아무 때나 소변을 보는 것이지만 그러면 부모가 화내기 때문에 그렇게 안 하겠다는 목표를 갖는 식입니다. 아이들은 부모의 사랑을 받고 미움을 받지 않기 위해 부모가 원하는 것을 합니다. 그러면서 자신의 진짜 욕구를 나쁜 것으로 인식합니다. 부모의 존중을 받을 수 없는 욕구는 버려야만 하는 나쁜 것이기 때문입니다.

우리는 성장하면서 무수히 많은 부정적 자기 존중을 경험할 수밖에 없는데, 이것이 바로 조건부 가치입니다. '내가 만약~ 하다면(한다면) 내 부모는 나를 사랑할 거야!' 또는 '내가 만약~ 하다면(한다면) 내 부모는 나를 싫어할 거야(버릴 거야)!'가 됩니다. 대부분의 부모는 배변 훈련이라든가 식사 습관처럼 사회에서 꼭 필요한 것들을 조건부 가치로 제시했다고 생각합니다. 사실은 그렇지 않습니다. 그런 기본적인 것들보다 훨씬 많은 것들이 부모의 개인 취향이나 문제에서 비롯됩니다.

내담자 중에 성인이 되어서 한 번도 머리카락을 길러 본 적이 없다는 여성이 있었습니다. 그녀는 어색할 정도로 머리 길이가 짧았습니다. 긴 머리 스타일은 그녀의 기억 속에서 아주 고통스러운 경험과 연결되어 있었습니다. 학교에 가는 아침마다 엄마가 머리카락 한 올도 흘러내리지 않게 빗어 올려 머리를 묶어 주었습니다. 그때마다 앞뒤 머리가 모두 빠지는 것처럼 고통스러웠다고 합니다. 엄마에게 그렇게 머리 묶기 싫다고 말했지만, 그럴 때마다 엄마는 "이렇게 해야 예쁘다."며 그녀의 아픔을 무시했습니다. 어쩌면 그녀의 어머니는 묶은 머리 뒤로 분홍 리본을 달면서 만족했을 것입니다. 그녀의 옷차림에도 어머니의 의지가 얼마나 강력하게 작용했을지 상상하는 것은 어렵지 않습니다. 성인이 된 그녀가 남자 같은 차림새를 고집하는 것도 이해가 갑니다. 이때 그녀가 키운 조건부 가치는 '내가 싫은 것은 별로 중요하지 않다. 내가 고통스러워도 그것을 표현하지 않을 때 난 좋은 아이다'일 것입니다.

부모의 조건부 가치가 전혀 없을 수는 없습니다. 그렇다 하더라도 많지 않아야 하고 단순해야 합니다. 그리고 아이들이 갖는 진짜 욕구들과 상충되거나 갈등을 불러오지 않아 잘 따라할 수 있는 것들이어야 합니다.

:(
당신 안에 살고 있는 어린아이를 들여다보세요

우리는 이제 더 이상 아이가 아닙니다. 하지만 부모에게서 받은 것들, 형제자매 간에 겪은 일들, 거절당했던 그 고리타분한 이야기들이 아직도 우리 안에 살아 있습니다. 스물이나 서른이 아니라 육십, 칠십이어도 우리 안에는 사랑받고 싶은 아이, 의존하고 싶은 아이, 고통스러워한 아이가 그대로 있습니다.

사랑에 빠지는 것은 자신의 문제를 해결해 주고 어릴 적 부모가 못준 사랑을 나에게 줄 누군가를 만나고픈 절박한 소망에 기인합니다. 사랑에 빠진 사람은 자신도 모르게 사랑의 대상에게 자신이 원하는 소망을 투사하고 환상 속에서 상대를 봅니다. '강렬한 감정과 격렬한 흥분'은 사랑 초기 단계의 특성이긴 하지만, 이런 상태는 항상 마음 깊은 곳에 자리한 것들이 지금 사건으로 인해 자극받을 때 드러나는 현상입니다. 현재의 사람이, 사건이 원인이 아닙니다. 즉, 연인으로 인해 내 기분이 좋아지거나 우울할 수도 있겠지만 그렇다고 연인이 내 전부를 통제할 수 있는 힘을 가진 건 아닙니다. 그가 마음에 들지 않을 때, 선을 긋거나 관계를 마칠 수 있는 사람은 나 자신입니다.

사랑은 타인이 주는 것이 아니라 자신이 자신에게 허락하는 것입니다. 내 자신이 사랑받을 가치가 있다는 사실을 인정해야 타인이 주는 사랑을 충분히 즐기는 것이 가능해지며, 아닐 때 아니라고 할 수 있습니다. 아픈 사랑을 반복하지 않기 위한 유일한 방법은 '스스로를 알고 이해하는 것'입니다. 아직도 부모의 영향 아래서 쩔쩔매고 있는 내 안의 아이를 알아보고, 동정하고, 소중히 여기도록 노력할 수밖에 없습니다. 사랑받기 위해 수단과 방법을 가리지 않는 나도 사실은 이 아이이고, 사랑이 마치 내 인생의 전부인 것처럼 호들갑을 떠는 나도 이 아이입니다. 파괴적인 사랑을 떠나지 못하는 것도 결국 평생 단 한 명뿐인 엄마, 아빠를 되살리겠다는 심산인 것입니다. 하지만 무슨 짓을 해도 어린 시절 놓친 것들을 어른이 된 지금 되찾을 수는 없습니다. 세상의 단 한 사람, 바로 그 사람을 만나서 더 많이 사랑받는 것으로 보상받고 싶다는 생각도, 안됐지만 이뤄질 수 없습니다.

이런 단정적인 말들이 당사자에게는 얼마나 가혹한 것인지 잘 알고 있습니다. 하지만 다른 여지도 대안도 없다는 명제 앞에서 우리는 담대해질 수 있습니다. 어떤 내담자와 상담하며 저는 이와 유사한 해석을 하였고, 다음 주에 와서 그가 했던 말이 생각납니다. "지난 시간에 선생님 말씀이 너무 아파서, 자꾸 눈물이 나고 정신까지 혼미해져서 혼났어요. 근데 그러고 나니까 후련해요… 더 바랄 것도 기댈 것도 없다 생각하니까 처음으로 홀가분해졌어요…."

받아들여야 할 것은 받아들여야 할 뿐, 다른 묘안이나 기적은 없습니다. 내 안의 이 아이가 얼마나 가여운지, 무엇을 아파하는지 누군가 알아주기를 기대하지 마세요. 이 아이를 돌보는 일은 나의 일이지, 사랑이 할 일이 아닙니다. 사랑은 치료를 하기 위해서 하는 것이 아니기 때문입니다.

나에게 상처를 남긴 그때의 기억을 제대로 보고, 다시 경험하면서, 정서적으로 극복해 나가야 합니다. 억압해둔 어둡고 위험한 감정들을 하나씩 꺼내어 자신의 일부로 인정할 때, 비로소 내 전부가 밝고 건강한 의식 안으로 통합됩니다. 그래야 상처로 남아 있는 어린 시절의 기억을 떠나보낼 수 있습니다. 내면에서 돌아가는 낡은 레코드 소리(부모의 소리)를 내 소리와 구별해내고, 의미 없는 복종에서 나를 구해내는 것입니다.

　과거에 내가 힘없는 아이었고 부모에게 의지하는 것 외에 달리 방법이 없었을 때 가졌던 생각, 행동을 지금도 할 이유가 없습니다. 그때 그럴 수밖에 없었던 아이의 사정을 이해하고 떠나보내는 것이 과거와 현재를 구분짓는 방식입니다. 지금을 살아야 합니다. 사랑도 지금 여기서 내가 하는 것이기 때문입니다.

'오직 그 사람'이라는
환상 속에 있지 않나요?

        고급스러운 옷차림에 지적인 외모를 갖춘 희수 씨는 말씨 또한 상냥하기 이를 데가 없었습니다. 세나가 모든 이들이 부러워할 만한 직업에다 고액 연봉까지 가진 그녀…. 대체 무슨 일로 상담실을 찾았을까요? 삼십 대 초반의 희수 씨는 얼마 전 소개팅을 한 남자와 두 달을 못 넘기고 헤어졌습니다. 사귀었다고 하기도 그렇고 아니라고 하기도 그런 상태. 그 기간 동안 다른 남자를 또 소개받아서 이럴까 저럴까 저울질하던 중이었습니다. 이렇게 결혼할 대상을 소개받고 만나는 생활도 몇 년째인지 모릅니다. 연애라고 할 만한 기간을 보내 본 적도 없습니다. 길어야 한두 달이 고작이고, 이제는 점점 급해지는 마음에 두 사람을 동시에 만나는 일도 종종 생깁니다.

    그런 생활로 들어서면 그야말로 정신이 하나도 없습니다. 누구를 만나서 무슨 말을 했는지, 본 영화를 또 보는 것은 당연하고, 한 사람을 만나고 있는데 다른 사람에게서 연락이 올 때 불편한 느낌도 고스란히 느껴야 했습니다. 마치 자신이 바람둥이가 된 것 같고, '내가 이렇게까지 해서 결혼을 해야 하나….' 하는 생각에 신경이 곤두서니 회사 일도 지장을 받습니다. 그렇다고 희수 씨가 남자들과 어울리는 것을 좋아하거나 양다리를 즐기는 부류도 아닙니다. '이 사람이다!' 하는 사람이 제발 나타나 어서 빨리 이 고통을 끝냈으면 하고 바랄 뿐입니다.

희수 씨는 남자를 처음 만나면 상냥하고 다정하게 굴며 상대의 마음에 들고자 온갖 치장에다 노력을 아끼지 않는 타입입니다. 상대방의 마음에 들려고 기를 쓰다가 정작 상대방을 제대로 볼 겨를이 없었는지, 소개팅을 끝내고 집에 오면 그 사람의 얼굴이 하나도 기억나지 않는 때도 있었다고 합니다. 두 번째, 세 번째 만남이 되면 벌써 마음이 까칠해집니다. 남자의 이런저런 모습이 못마땅해 보이고, 그의 행동이 사사건건 문제점으로 보입니다. 그때부터 그 사람이 나쁜 사람인지, 단순히 센스가 없어서 그러는 건지 잘 알아봐야 할 것 같아 긴장이 됩니다. 상황이 어찌 되었건 남자가 약속이라도 바꾸려 들었다가는 난리가 납니다. 믿을 만한 사람이 아니라는 증거로 여기는 것입니다. 자기를 옆에 두고 그렇게 열심히 영화만 볼 수 있다는 것도 이해가 가지 않습니다. 자기를 가볍게 보고 신경을 덜 써서 나오는 행동이 아닐지 의심합니다.

희수 씨는 상대방의 진짜 마음이 어떤 것인지 알아내야 한다는 생각에 사로잡혀 자꾸 상대를 떠보게 된다고 했습니다. 그러니 남자의 눈에 희수 씨는 이랬다저랬다 변덕이 심하고, 짜증이 많고, 까다로운 여자로 비칠 수밖에 없습니다. 당연히 관계가 제대로 발전하지 못하고, 복잡한 심정으로 우왕좌왕하는 사이에 흐지부지되고 맙니다. 이별 통보를 받는 쪽은 대부분 희수 씨였습니다.

:(
혼자만의 백일몽은 사랑이 아닙니다

수진 씨의 이야기를 하려고 합니다. 그녀는 얼마 전에 상처 속에 짝사랑을 마치고 주변 사람들에게 "좋은 사람 있으면 소개시켜 줘."라고 당부하고 있습니다. 동시에 후배와 자신을 비교하고 있었습니다. "후배는 얼마 전에 소개팅을 했는데, 그 남자가 전화도 하고 문자도 하며 계속 만난대요. 다른 사람들은 연애를 잘도 하는데 저는 왜 이 나이 되도록 제대로 된 연애 한 번을 못하는 거죠. 그 생각을 하면 너무 가슴이 아파요. 아무리 애써도 나는 늘 원하는 것을 못 갖는구나 싶어서⋯. 아마 연애도 내가 상대방에게 다 맞춰주고 쫓아다녀야만 겨우 가능해질 것 같아요. 비참해요."

수진 씨의 말 중 어느 부분은 사실이나 또 어느 부분은 사실이 아닙니다. 그녀가 말하는 '이 나이'는 서른두 살입니다. 서른두 살이 되도록 제대로 된 연애를 못했다는 것은 사실입니다. 행복하고 달콤하지 않더라도 설령 상처를 받더라도 제대로 된 사랑을 하면 여한이 없겠다는 심정은 사실이라는 말입니다. 사실이 아닌 것은 마치 어릴 때부터 지금까지 쭉 사랑을 하려고 마음먹고 애를 써왔는데도 잘 안 됐다는 것처럼 생각하고 있는 것입니다. 사실 짝사랑이 아닌 연애를 해야겠다고 마음을 먹고 주변에 말하며 소개받으려고 하는 것도 상담 이후에 보인 변화였습니다.

그녀는 대학에 들어가 다들 남자친구를 사귀고 만날 때 오히려 도망을 다니는 쪽이었습니다. 행여나 미팅에서 만난 남학생에게 연락이 와도 절대 반응하지 않았습니다. 옷이나 외모도 여성스럽게 하지 않았습니다. 그런 여자애들을 손가락질하는 식으로 살았습니다. "그때는 제가 왜 그러는지 몰랐어요. 그저 진짜 좋아하는 사람이 안 생겨서, 제가 좋아하는 사람은 날 안 좋아해서라고 생각했는데 이제 보니 제가 도망을 다닌 것 같아요. 그런데 선생님, 누가 저를 좋아하는 것 같은 신호가 오면, 그 순간 그 남자가 아주 별 볼일 없는 것처럼 느껴져요. 상대방의 이런저런 단점을 들며 거절했지만, 이제 와 생각하니 '나 같은 애를 진짜 좋아할까?' 하는 생각이 제 안에 있었어요."

수진 씨가 말하는 '나 같은 애'란 짜증과 신경질이 많은 애, 화가 난다고 물건을 던지고 찢는 애, 동생이 없어졌으면 좋겠다고 생각하는 애, 그러면서 학교에서는 착한 아이처럼 구는 애, 겉과 속이 다른 애, 속에는 괴물이 사는 애, 문제가 많은 애, 사랑받을 수 없는 애를 말하는 것이었습니다.

수진 씨의 자기 비하감은 대부분 막내아들로 태어난 동생이 받는 편애에 대항하면서 엄마에게 들은 핀잔에서 비롯되었습니다. 엄마가 지속적으로 말한 '착하지 않은 아이'와 남동생을 편애하는 분위기에서 싹튼 '사랑스럽지 않은 아이'와 합쳐져서 그녀 스스로 자신을 착하지도 않고, 사랑스럽지도 않은 아이로 여겨 버렸습니다. 이것은 그녀의 자기 존중감을 끝없이 추락시켰는데, 이후 좋은 대학과 회사에 들어가 얻은 성취로도 극복되지 못했습니다.

사회생활을 시작하고 나서 수진 씨는 사소한 행동을 상대가 자신한테 마음이 있는 것으로 해석하면서 짝사랑을 했습니다. 새로운 팀으로 옮긴 직후 처음이라서 보이는 관심, 간식을 나누어 먹으면서 자신을 더 특별히 챙겨 주었다는 기억, 자신을 쳐다보는 눈빛이나 말투가 남달랐다고 생각하며 그때부터 상상을 키웁니다. 하루 종일 그 사람을 살펴보며 누구와 말을 하는가, 누구에게는 어떤 표정을 짓는가, 오늘은 내게 몇 번 아는 척을 했는가를 관찰했습니다.

짝사랑의 속성이 다 그렇기는 하지만 수진 씨의 경우는 심각한 백일몽이 문제였습니다. 일단 대상이 생기면 머릿속에는 벌써 데이트가 시작되고, 온갖 낭만적인 장면이 다 연출되고, 심지어 프러포즈도 받고 결혼해서 신혼여행까지 갔다 왔습니다. 원래 현실에서 이룰 가능성이 낮거나 자신한테 그럴 능력이 없다고 여길 때 사람들은 쉽게 백일몽으로 빠집니다.

한창 아름다운 나이에 그녀가 회사 동료를 놓고 백일몽으로 빠져야 한다는 것부터가 가슴 아픈 일입니다. 백일몽으로 하루 저녁에 수십 년을 함께 살다가 다음 날 회사에 가서 그 사람을 보았을 때의 난감함을 상상해 보세요. 수진 씨는 행여나 상대가 눈치를 챌까 봐 눈도 마주치지 못하면서 철저하게 방어해야 한다는 생각에 냉랭하다 못해 거만한 태도를 보이기도 했습니다. 그녀가 짝사랑하는 그는 다른 사람에게도 말을 걸고 간식도 먹으며

즐겁게 지냅니다. 그럴 때마다 수진 씨 심장은 오그라들고 행동은 더 어설
퍼지니 그 남자는 수진 씨가 자신을 별로라고 여긴다고 생각할 것입니다.

:(
사랑에 빠지는 것이 두려운 것 아닌가요?

플라톤의 '반쪽 개념'은 사랑에 관한 고전이자 전설로 내려오고 있지요. 그
는 저서 『향연』에서 말하길 인간은 본래 얼굴 2개, 다리가 4개인 공처럼 생
겼는데 신들의 심판으로 둘로 쪼개져서 오늘과 같은 얼굴 하나, 다리 두 개
인 인간이 된 것이고, 당연히 잃어버린 반쪽을 찾기 위해 끊임없이 헤매고
있다고 합니다.

이 신화에 근거한다면, 진정한 내 짝은 세상에 단 하나뿐입니다. 그 사람
을 만나는 순간 바로 이 사람임을 알 수 있을 것이고, 그것만이 진정한 사
랑이라는 말이 됩니다. 진정한 짝을 만났다면 의심이나 갈등도 생기지 않
고 실망이나 주저함도 없을 것입니다. 하지만 지난번에도 또 이번에도 이
렇게 마음이 심란한 걸 보니 역시 내 짝이 아니라는 뜻 아닐까요? 이런 신
화에 누가 연연이나 할까 싶지만, 주변을 세심히 살펴보면 생각보다 많습
니다. 아니, 멀리서 찾을 것도 없습니다. '이 사람이라면 왜 이렇게 주저하
겠어? 아니니까 주저하는 거 아닐까?'라는 질문을 스스로에게 해본 적 있
지 않나요?

누가 봐도 훈훈한 신랑감인 지훈 씨 마음도 복잡하기는 마찬가지입니다. 소개팅, 맞선을 3년 넘도록 해도 아직 '이 여자다' 하는 사람을 만나지 못했다고 합니다. 그 지긋지긋한 세월 속에서 이제 자신이 성격 이상자나 사회 부적응자 같은 느낌마저 든다고 했습니다. 그의 걱정 또한 자기 마음을 움직일 그 사람이 나타나지 않는 것입니다.

지훈 씨는 소개팅 자리에 마주 앉자마자 발동되는 습관 하나가 있는데, 바로 현미경이 작동되는 것입니다. 어쩜 그렇게도 부족한 점이 세세하게 보이는지 어이가 없어 스스로 붙인 이름입니다. 주변에서도 '사람 한 번 만나봐서 아느냐? 몇 번은 봐라!'라는 당부도 있고, 자신도 몇 번 더 만나면 그 사람의 좋은 점도 보이고 정도 들겠지 하는 마음을 가져 보는데 한 번도 그런 일은 일어나지 않았다고 합니다. 두 번째 보면 처음에 못 본 단점이 보이고, 다음에 만나면 그땐 이미 같이 있는 것조차 힘든 상태가 된다고 합니다. 그가 여태 가장 많이 만난 횟수는 고작 세 번입니다.

사람들은 지훈 씨에게 '제발 눈을 좀 낮춰라'라고 하는데, 그런 말을 들을 때마다 벽에다 확 머리라도 박고 싶은 심정이 된다고 합니다. 자신도 스스로가 미치도록 못마땅하고, 제발 좀 안 그랬으면 좋겠고, 제발 이번에는 현미경이 작동되지 않는 바로 그 사람이 나와 주기를 간절히 바란다는 걸 누가 알겠느냐는 것입니다.

이렇게 '딱 한 사람'을 찾는 희수 씨나 지훈 씨의 태도를 굳이 틀렸다고 할 수는 없을 것입니다. 한편으로 어쩌면 이들이 '사랑하기를 두려워하는 증상'을 겪고 있는 것이 아닐까 하는 생각이 듭니다. 끊임없이 이상형에 대한 열망을 말하면서도, 그 한 사람이 나타나지 않아 자신의 사랑이 시작되지 않는다고 말하면서도, 실은 열정에 빠질까 봐 두려워하는 것입니다. 행여 사랑이라는 열정에 빠져서 자신의 정체성을 잃어버리지 않을까, 행여 시작한 이 사랑이 멈추어 버리는 것은 아닐까 벌써부터 두려운 마음이 드는 것이지요.

:(
신중한 것이 아니라 두려운 거예요

사실 이런 마음에는 사랑이라는 것, 좀 더 포괄적으로 친밀한 인간관계라는 것이 부정적인 것과 많이 겹쳐 있는 경우가 많습니다. 요구당하고, 거절당하고, 버림받고, 배신당하고 속는 경험 같은 것 말입니다. 최악을 예견하면서 나쁜 운명을 피하고 좋은 운명을 잡으려는 신중한 사람의 행위와는 좀 다릅니다. 이건 의식으로 통제되는 부분이라기보다는 마치 좁은 공간에서 숨 막혀 하는 폐쇄 공포증 환자처럼 사랑 안에서 숨 막혀 하며 피할 궁리를 찾는 것입니다.

희수 씨는 5살 때 어머니가 돌아가셨다고 합니다. 아버지는 삼 남매를 감당할 수 없어 본인과 작은 오빠는 할머니 댁에, 큰 오빠는 고모 댁에 보냈고, 그렇게 3년을 살았습니다. 아버지와 함께 살기 시작했을 때는 새엄마와 함께였고, 새엄마는 곧 딸을 하나 낳았습니다.

희수 씨는 이 여동생을 늘 경계하고 질투했습니다. 설상가상으로 고등학교 때 새엄마와 아빠는 이혼을 했습니다. 희수 씨는 사람들이 자신의 가족에 대해 알게 되면 자신을 우습게 여길 것이라고 생각했습니다. 보기와 달리, 유복한 집안의 사랑스러운 아이가 아니라 집안에 문제가 많은 아이, 불쌍한 아이, 불안정한 정서를 지닌 아이…. 그런 자신을 알게 되면 사람들은 자기를 버릴 것이라고 '확신'하고 있었습니다.

사실 이런 마음을 가진 그녀가 누구를 믿을 수 있을까요? 다섯 살에 어머니가 돌아가시고(부모의 죽음은 아이 입장에서 볼 때 가장 확실한 버림입니다) 아버지마저 자신을 버렸고(어쩔 수 없는 사정으로 할머니에게 맡겨졌다는 것을 다섯 살 아이는 이해할 수 없으니까요), 새엄마는 자기보다 몇 배의 관심과 애정을 쏟는 동생을 낳으면서 또 자기를 버렸습니다. 희수 씨가 사람을 만날 때 믿을 만한 사람인가, 그렇지 않은가, 나를 버릴 사람은 아닌가를 탐색하느라 애쓰는 걸 나무랄 수 있을까요?

너무나 간절히 자신을 받아주는 사람을 만나고 싶은 마음이 가득하지만, 그래서 최선을 다해 상대와 가까워지려고 하지만 조금 친밀해진다는 느낌이 들면 불안이 밀려옵니다. 더 가까워지기 전에 빨리 면밀한 조사를 해야 한다는 생각이 듭니다. 그런데 이 검사를 통과하여 합격점을 받을 수 있는 사람이 과연 세상에 있을까요? 희수 씨는 사실상 그 누구도 통과시킬 수 없습니다. 그녀에게 있어, 통과시킨다는 것은 곧 자신이 버림을 받는 단계로 가는 것인데, 무엇이 그 두려움을 잠재울 수 있을까요?

상대의 문제점을 기가 막히게 찾아내는 지훈 씨의 재주는 사실 본인을 대상으로 연습해 온 것이었습니다. 경제적으로 어려운 환경에서 자라 부모의 별다른 지원도 없이 어려운 시험에 합격한 그인데도 늘 하는 말은 '운이 좋아서'였습니다. 단 한 번도 자신이 무엇을 잘했다고 말하는 법이 없었습니다. 늘 '이게 부족해. 아직 멀었어. 남들보다 더 성실하지 않으면 안 돼!'라고 되뇌었습니다. 지훈 씨는 자신의 문제점 목록만 나열해도 몇 페이지는 될 거라고 했습니다.

이 현미경의 시작은 사실 그의 아버지였습니다. 아버지는 명문 대학을 졸업했지만 뜻을 제대로 펴 보지 못해 외동아들 지훈 씨에게 거는 기대가 컸습니다. 지훈 씨가 전교 1, 2등인 성적표를 들고 갈 때마다 '지방에서 그렇게 해봤자 서울 애들하고 경쟁하면 명함도 못 내민다!'는 소리를 들었습니다. 공부 시간도 더 늘려야 하고, 마음가짐도 더 치열해야 하고, 뭐든 더 해야 하는 그야말로 부족한 점 투성이었습니다. 지훈 씨는 목멘 소리로 단 한 번만이라도 '잘했다'는 말이 듣고 싶었다고 말했습니다. 실제 모습과 무관하게 늘 자신을 부족하게 보는 남자는 사랑할 여자를 찾으면서, 이제 자신의 시선이 되어 버린 아버지의 시선으로 기가 막히게 상대의 부족한 점을 찾아내고 있는 것입니다. 이는 '완벽하지 않은 모든 것은 실패'라는 신념에서 오는 것인데, 상대방을 결정하면 더 이상 완벽함을 추구할 수 없게 되기 때문에 결정은 어떻게 하든 피해야 하는 일이 되어 버립니다.

:(
당신이 사랑을 피한 것입니다

우리는 어렸을 때 배운 그대로 사랑을 하는 것 같습니다. 안정된 사랑을 하는 사람들은 자신의 관계를 만족스럽게 생각하고 상대방을 신뢰하며 자연스럽게 친밀해지고 집착하지 않습니다. 희수 씨나 지훈 씨보다는 상대방을 조금 길게 만나지만, 자주 파트너가 바뀌어 힘들어 하는 사람들을 흔히 볼 수 있습니다.

이들은 성급하게 사랑에 빠져 황홀하게 즐기지만 현실적인 문제에 부딪치면 금방 관계를 끊을 궁리부터 하는 사람입니다. 황홀기가 지나면 당연히 상대에 대한 미화된 이미지가 깨지면서 환상이 걷히고 구체적인 성격들이 드러나기 마련이지요. 현실적인 태도와 행동을 보면 누구나 어느 정도의 실망이나 좌절을 겪습니다.

그럴 때 타협하고 양보할 수 있는 사람은 처음 내린 자신의 판단을 믿으며, 갈등을 해결하고 이 시기를 무사히 넘깁니다. 갈등이나 고통, 분노와 질투도 사랑의 한 요소이니까요. 문제는 생길 수밖에 없고 이것을 해결하며 살아야 한다는 사실을 받아들이는 것입니다. 안정적인 관계에 접어든 커플은 맨 처음 느낀 절정의 감정과는 다른, 편안하고 만족스러운 느낌을 경험하면서 관계를 지속시킵니다.

반면에 작은 실망이나 사소한 좌절에도 "그런 불편한 감정은 사랑이 아닐 거예요." "사랑이 식어서요."라고 말하면서 또 다른 사랑을 찾아 나서는 사람들이 있습니다. 이들은 간절하게 사랑을 원하지만 전면적이며 전인적인 관계는 원하지 않거나 아니면 애초에 그것이 무엇인지 알지 못하는 사람들입니다. 쉽게 사랑에 빠지지만 사랑의 달콤함 뒷면에 있는 부정적인 감정이나 책임은 떠안으려 하지 않아 안정적인 관계로 접어들지 못합니다. 사실 사랑은 자기중심적인 인간의 본성에 반하는 행위일지 모릅니다. 일정 부분 자신을 잃고 사랑하는 상대방의 바람과 관심을 최우선으로 하는 걸 전제하기 때문입니다.

아직 이상형을 찾고 있고, 그런 시간이 꽤 길었다면 자신을 한 번 돌아볼 것을 권합니다. 자신이 매번 상대를 바꾸거나, 상대가 떠난 이유가 있을 것입니다. 어쩌면 그 이유들은 비슷한 것일지도 모릅니다. 이야기가 통하지 않아서, 신뢰를 주지 못해서, 능력이 부족해서, 너무 집착해서, 권위적이어서, 제멋대로 굴어서, 까다로워서…. 늘 같은 감정을 느끼면서 불편하고 비슷한 이유로 헤어졌다면 아마도 그 근본적인 이유는 자신에게 있을 것입니다. '믿음과 확신을 줄 그 사람'이 나타나지 않아서가 아니라, 자신의 내면에서 올라오는 '불안'이 매번 같은 상황을 만든다는 것을 인정하고 먼저 자신을 바꾸는 노력을 해야 합니다.

스스로에게 물어 보세요. 무엇을 그토록 두려워하는지. 다시 버림받을까 봐 두려움에 떠는 것이, 상대의 부족한 점을 무조건 피해야 한다는 믿음이 과연 합리적일까요? 지속적으로 자신을 들여다보고 질문해 보면 어느 순간 더는 대답이 나오지 않는 큰 벽 앞에 선 느낌이 드는 순간이 옵니다. 그 벽이 바로 내면에서 당신을 움직이고 있던 오래된, 낡은, 더 이상 쓸 곳이 없는, 이상한 신념들입니다. 이상형을 찾는 것이 옳고, 당연하다는 자기 식의 설명과 합리화를 버리고, 벌거벗었으나 결연한 자세로 자신과 대면할 때 극복해야 할 자기 신념의 내용과 기원을 보게 될 것입니다. 이것이 문제 해결의 시작입니다.

결국 사랑이 당신을 피하는 것이 아니라 당신이 사랑을 피한 것입니다. 우리가 사랑에 빠지는 것은 좋은 사람을 만났을 때가 아니라 우리가 준비되어 있을 때입니다. 첫눈에 반하는 사람도 있지만 그 또한 알고 보면, 이미 사랑에 대한 갈망을 의미하는 수많은 시도가 있었을 것입니다. 스스로 사랑받을 만하다는 것을 아는 일, 자신의 장점을 찾아내고 기억하는 일, 다른 사람의 부당한 요구를 거절하고 무례한 태도로부터 자신을 지키는 일 등 자기 자신에 대한 건강하고 성숙한 일들을 해야 합니다. 이런 태도와 행동은 다시금 당신의 이미지에 더해지고, 그 이미지가 다시 당신을 만들어 줄 것입니다. 사랑하는 이에게 원래의 모습보다 강한 척 애써 위장하지도 않게 되고요. 강점과 약점을 다 보여 주고 누군가 자신에게 도움의 손길을 내밀 때는 기꺼운 마음으로 그 손길을 받아들이면서도 다른 사람에게 의지하지는 않을 수 있습니다.

그렇게 자신의 삶을 제대로 살고 있을 때 마음에 들고 믿음직한 사람이 눈에 띄는 것입니다. 그러면 사랑의 마법이 나머지 작업을 수행할 것입니다. 다름 아닌 바로 그 사람이었다고. 사랑에 빠지는 것은 충분히 준비가 된 시기에 일어나는 기적입니다.

연인은 당신의 부모가 아닙니다

만일 사랑이 당신 삶의 기력을 다 가져가 버린다면, 그래도 사랑일까요? 기환 씨와 영애 씨는 헤어진 지 2년 만에 다시 만난 지두 달이 넘은 커플입니다. 복학생과 후배 사이로 만나 서로가 첫사랑이었던 두 사람은 처음 만난 3년 전을 더할 나위 없이 가장 행복한 시기로 기억하고 있었습니다. 날마다 만나서 공부하고 밥 먹고 이야기하고 놀고…. 잠자는 시간을 제외하고는 거의 24시간을 붙어서 살았다 해도 과언이 아니었습니다. 특히 영애 씨는 기환 씨를 자신이 원하는 것을 정말 다해 주었던 사람으로 기억하고 있었습니다. 누구에게도 말하지 않았던 집안 이야기까지 세세하게 할 수 있었고, 위로하고 위로받는 것이 어떤 건지 그를 통해 배울 수 있었습니다. 졸업을 하고 기환 씨는 좋은 회사에, 영애 씨는 원하던 대학원에 입학하기까지는 그저 좋기만 한 행복한 커플이었습니다.

세상에서 제일 바쁜 대기업 신입 사원이 된 기환 씨는 야근과 잦은 술자리에 모든 정신을 빼앗기게 되었습니다. 영애 씨는 전화를 기다리고, 약속 시간을 기다리고 또 기다렸습니다. 전처럼 매일 만나는 것은 고사하고 전화조차 마음 놓고 할 수 없는 것이 현실이었고요. 오랜만에 통화해도 기환 씨의 목소리는 사무적이거나 데면데면했습니다. 한 번은 수화기 너머로 "김기환 씨!" 하고 부르는 여자 목소리가 (동료 중에는 여자도 있겠지요?) 들리는데, 영애 씨는 '아, 사람이 이러다 미치는구나'라고 생각했답니다. 어렵게 만나서는 좋은 시간을 갖기는커녕 끔찍한 시간만 보냈습니다. 영애 씨는 화내고 소리치고 울고, 기환 씨는 설명하고 애원하고 다시는 안 그러겠다고 약속하고. 영애 씨는 "저도 이해를 못했던 것은 아니에요. 회사 생활이 어떤지 제가 왜 모르겠어요. 뭘 어쩌라는 것이 아니라 제때 전화해 주고, 회식이 있는 날은 미리 알려 주고, 술자리를 좀 줄이라는 것뿐이에요. 그런데 이 사람은 꼭 가야 하는 술자리 말고도 스트레스가 쌓인다고 친구들을 만나 또 술 먹어요. 안 그런다고 하면서 또 그러고….."

문제는 헤어졌다 어렵게 다시 만난 두 사람은 이전과 같은 문제로 벌써 다투기 시작했다는 것입니다. 영애 씨는 늘 전화가 문제라고 했습니다. 회식이 없는 날은 제 시간에 전화가 오는데, 술을 먹는 날은 전화 걸려 오는 시간이 늦어졌다고 합니다. 영애 씨는 눈이 빠지게 기다리며 온갖 생각에 시달립니다. '또 술을 먹는구나, 다른 사람들을 만나는구나!' 이런 생각을 하면 마음속이 서늘해지면서 기운이 다 빠지고 혼자 남겨진 것 같다고 했습니다. 상대방에게 자신은 어떤 존재일지, 일에, 술에, 친구에, 자신이 밀린 것 같아 주체할 수 없이 화가 나고, 그러다 뒤늦게 온 상대방의 전화에 이성을 잃은 채 화를 퍼붓기도 했습니다. 그러면서 '이러다 또 헤어지면 어쩌나' 하는 생각에 전보다 더한 불안감에 휩싸였습니다.

　상담을 하기로 결심한 것은 영애 씨였습니다. 기환 씨가 최선을 다하고 있다는 것을 알면서도 자꾸 불안해지고 화가 나는 것은 자기 문제라는 생각이 들었기 때문입니다. 영애 씨는 "평범했어요, 부모님 사이가 좀 나빴던 것을 빼면…" 하며 자신의 이야기를 시작했습니다. 하지만 말과 달리 그녀에게는 심적으로 매우 고통스러운 어린 시절이 있었습니다. 부모님 사이가 좀 나빴던 것이 아니라 거의 매일 싸울 정도로 사이가 좋지 않았는데, 싸움의 원인 중에는 아버지의 외도 문제가 있었습니다. 영애 씨가 초등학교 4학년일 때는 어머니가 아버지와 싸우고는 집을 나가 일주일 동안 연락이 안 된 적이 있었더군요. 동생 둘과 함께, 일 나간 아버지가 돌아올 때까지 기다려야 했던 캄캄한 밤을 또렷이 기억하는데, 밖에서 무슨 소리만 나도 가슴이 두근두근했다고 합니다. 엄마 전화를 기다리느라 귀에서 이상한 소리가 나는 것 같기도, 엄마가 다시 오지 않을지도 모른다는 생각에 정신이 아득해지는 것 같기도 했다고요. 결국 어머니는 돌아왔지만 집을 비우는 일이 또 있었고, 영애 씨는 학교를 갈 때면 집에 왔을 때 엄마가 없을지도 모른다는 생각도 했습니다. 이 이야기를 털어 놓고 나서야 그녀는 기환 씨가 다른 사람을 만나는 것이 왜 그렇게 싫은지, 혼자 남겨지고 잊힌다는 느낌이 왜 그렇게 자주 드는지 이해할 수 있었습니다.

:(
허기진 사랑은 늘 증거를 요구합니다

셰익스피어는 '사랑이란 없다. 사랑의 증거가 있을 뿐이다'라는 말을 남겼습니다. 그러니까 셰익스피어가 말한 사랑이란, 눈으로 읽을 수 없으며 상대방에게 보이는 관심 즉, 고백이나 편지나 전화나 선물 등의 행위를 통해서만 검증되는 것이라는 말입니다. 맞는 말이라고 생각합니다. 사랑은 상대방의 행복에 대한 관심을 통해 드러나는 것이니 그 사람의 행복을 위해 뭔가 하는 것이 사랑이라는 뜻 아닐까요. 저도 내담자들에게 시간과 돈을 쓰지 않으면서 사랑한다고 하는 것은 거짓이니 잘 보라는 말을 합니다. 마음은 그득한데 눈에 보이는 것이 아무것도 없다는 건 있을 수 없는 일이라고 생각하니까요. 하지만 사랑하는 사이에서 매사에 이 '증거론'을 내세운다면 배겨낼 수 있는 사랑 또한 없을 겁니다.

어린아이들을 떠올려 봅시다. 엄마가 잠시 자리를 비우면 "잉~" 하고 울음을 터뜨리면서 엄마를 찾다가도 이내 곧 가지고 놀던 장난감에 다시 집중하면서 잘 노는 아이가 있습니다. 출근하는 엄마에게서 안 떨어지려고 징징대다가 곧 '바이바이' 하면서 인사하는 아이들도 있습니다. 이런 아이들일수록 엄마가 돌아왔을 때 자신이 얼마나 기쁜지 숨기지 않고 표현합니다. 놀던 것을 팽개치고 나가 엄마에게 매달리고 신이 나서 펄쩍펄쩍 뛰며 자신의 기쁜 마음을 있는 그대로 보여 줍니다. 반대로 모든 것을 엄마에게 매달려 하려는 아이도 있습니다. 엄마가 사라졌을 때는 극도로 흥분하며 누가 달래도 소용이 없습니다. 한 번 떨어지려면 천지가 뒤집히는 난리를 겪어야 하고요. 이런 아이는 엄마가 다시 돌아왔을 때에도 강하게 매달리며 짜증을 부리고 오래 울고, 다시 매달리고 또 돌아서는 행동을 반복합니다. 이런 아이, 영애 씨와 뭔가 유사하지 않은가요?

영애 씨의 현 상태에서 더 나쁜 방향으로 가게 되면 어떻게 될까요? 상대방의 하루를 시간대별로 확인하려 들고, 휴대폰을 보자고 하고, 인터넷을 뒤지면서 상대방의 행동과 태도, 마음의 방향을 확인하려 들지 모릅니다. 설명을 듣고, 상황을 알아도 그게 아닌 것 같고 자신의 눈으로 확인해야만 직성이 풀릴 겁니다. '그게 다 애정 때문에 그러는 것 아니냐'고 묻는다면 '아니다'라고 대답하고 싶군요. 이건 통제하지 않으면 아주 나쁜 일이 생길 것 같은 불안감 때문에 감시하는 것에 지나지 않습니다. 도둑이 들 것 같아서 창고를 못 떠나고 불침번을 서는 상태는 사랑이 아닙니다.

동물이건 인간이건 생명체는 태어나자마자 살아남고 안전해지기 위해서 다른 존재에게 애착하게 됩니다. 애착의 원초적인 욕구는 평생 남고요. 다른 존재에게 애정을 가지고, 그중 한 사람의 마음에 첫 번째 자리를 갖고자 하는 욕구는 그만큼 절실한 것입니다. 생의 첫 번째 애착이 잘 형성되었을 때는 이 원초적 욕구를 잘 채울 수 있습니다. 나를 좋아해 주고 내 마음에도 드는 대상에게 애정을 표현하면서요. 하지만 첫 번째 애착이 약하거나 없었던 사람의 관심과 애착에 대한 욕구는 점점 더 커집니다. 그것을 얻기 위해 어떤 위험이라도 감수하려고 합니다. 이런 사랑의 허기는 굶주림과 유사합니다. 오랫동안 허기진 사람은 음식에 달려들어 많은 양을 삼키는 것 외에 다른 욕구에 관심이 없는 것처럼요.

어른이 되어 자신에게 아낌없는 애정을 주는 믿을 만한 대상을 찾는 것은 당연한 일입니다. 이것이 연인 관계를 시작하고 지속시키려는 욕구의 기본입니다. 하지만 의존성에도 수준이 있습니다. 앞에서 이야기한 '엄마와 잘 떨어지고, 잘 노는 아이'도 분명 엄마에게 의존해서 사는 아이지만 이 아이는 엄마와의 애착 관계가 강하게 형성되어 있습니다. 그래서 엄마가 눈에서는 사라졌지만 반드시 돌아온다는 것을 믿고 엄마가 없는 시간을 잘 보낼 수 있는 것이지요. 엄마가 없는 지금은 엄마가 없어도 상관없는 때이라 믿고, 엄마가 꼭 필요한 때에는 자기 곁에 있어 줄 거라는 믿음이 있습니다. 그래서 엄마 아닌 다른 사람이 자신을 돌보는 상황을 받아들일 수 있습니다. 엄마는 안전한 베이스캠프이고, 눈에 안 보인다고 없어지는 것이 아니라는 것을 믿는 것입니다.

:(
사랑하며 '마음속 어린아이'를 잘 돌보세요

사람은 엄마와의 관계에서 잘 이루어지지 않은 것들을 어른이 되어 다시 시도해 보려 합니다. 이것이 연인에게 지나치게 몰입하거나 의존하는 것으로 나타나기도 합니다. 연인과 모든 것을 함께하고, 알려고 하고, 관심받으려 합니다. 마치 부모가 어린아이에게 하듯이 24시간을 보살펴 주기를 바라기도 합니다. 내게 얼마나 잘해주는지, 내게 항상 양보하는지, 나를 이해하고 관대하게 대하는지, 내가 부르면 곧바로 달려와 주는지 등 판단의 기준이 매우 많습니다.

이들은 어쩌면 자신의 삶 전체를 연인 손에 넘기고 무기력한 아이처럼 투정하고 요구하면서 상대가 그것을 받아줄 때만을 완벽한 사랑이라고 여기고 있는 건 아닐까요. 그런 의미라면 세상에 사랑은 없습니다. 엄마가 주지 못했던 안정감을 연인에게 달라고 하는 건 불가능합니다. 연인의 능력이나 마음이 부족해서가 아니라 그 결핍감은 어른이 된 사람에게는 어떤 방식으로도 채워질 수 없는 것이기 때문입니다.

상대방에게 의존하면 할수록 삶의 주체성과 멀어지고 자신은 약자라는 인식이 커지면서 작은 일에도 무시당했다고 생각하고 서운함을 느낍니다. 자신이 이렇게 힘든 이유는 다 '그 사람이 잘해주지 않아서'가 되고, 그 배경으로 자신이 '사랑받을 만한 가치가 없어서'라는 느낌이 피어나지요. 지나친 의존은 외로움과 불안을 낳고 차곡차곡 쌓인 분노가 사소한 자극에 폭발해 마침내 상대방을 떠나도록 만듭니다. 이는 곧, 엄마가 안 보이면 숨이 넘어갈 듯 우는 아이와 엄마가 잠시 보이지 않아도 어딘가에 있다 곧 올 거라고 믿는 아이의 차이입니다. 당신이 후자라면 그 사람이 눈에 안 보일 때도 심지어는 사랑이 잠시 흔들리고 실망스러울 때조차 위기를 넘기고 관계를 이어갈 수 있을 것입니다.

이처럼 유아기 때 부모와의 관계에서 채우지 못한 기대와 실망은 어른이 되어 연인 관계에서 여러 갈등으로 나타나기도 합니다. 과거의 결핍을 현재 연인에게 보상받으려 해서 멀쩡한 어른이 갑자기 어린아이의 마음가짐이 되기 때문이지요. '마음속의 어린아이'를 달래고 보살피는 것이 해결 방안인데, 단번에 되지는 않을 겁니다. 평생에 걸쳐 이루어야 할 고된 작업에 더 가깝습니다. 그만큼 가치 있는 일이기도 합니다. 사랑의 과정을 겪으면서 자신에게 얼마나 불합리하고 어리석은 면이 있는가를 인식하고 내면을 들여다보기 때문입니다. 우리가 사랑을 통해서 성장한다고 말하는 것이 바로 이런 것이겠지요.

당신은 연인의
부모가 아닙니다

　　20대 후반이라는 나이가 어울리지 않게 사춘기 소녀 같은 느낌을 주는 선애 씨는 결혼 2년차에 저를 찾아왔습니다. "오빠가 이혼하재요." 그 말을 하는 품도 너무 애기 같아서 공감이 잘 안 될 정도였습니다. 여기서 오빠는 당연히 남편을 말하는 것이었지요. 카페에서 우연히 말을 걸어 사귀게 된 그들은 1년 동안 연애를 하다가 결혼을 했습니다. 연애 과정도, 결혼 생활도 평범하지 않았더군요. 그녀의 연애는 기다림의 연속이었습니다. 1시간은 보통이고 어떤 때는 3, 4시간도 그냥 기다리다가 오빠가 나타나면 만나는 식이었습니다.

　　어떻게 그럴 수가 있었는지 싶지만 막상 그녀는 '오빠가 예술 쪽 일을 하는 터라 시간을 딱딱 정할 수 없어서'라고 대수롭지 않게 답했습니다. 하지만 가만 보니 당시 오빠의 일이라는 것이 말이 예술이지 어떤 뚜렷한 목적이나 열정을 가지고 치열한 삶을 사는 것과는 좀 달랐습니다. 제삼자가 보기엔 한마디로 별로 하는 일이 없는 상태였습니다. 데이트 비용도 선애 씨가 내고, 심지어 오빠의 옷, 신발을 사 주는 것도 당연했습니다. 그러면서도 그녀는 오빠에게 약속 시간을 지켜 달라, 힘들다는 말도 하지 못했습니다.

연인인 선애 씨에게 충실하지도, 자신의 인생에 성실하지도 않은 남자를 그녀는 1년간 만났고 결혼했습니다. 집안의 반대가 컸지만 그녀는 언젠가 오빠가 유능한 예술가가 될 거라고 믿었고 돈이야 자신이 벌면 된다고 생각했답니다. 그런 오빠가 결혼을 하고 나서 선애 씨에게 고마워하고 착실해졌다면 해피 엔딩이지만, 연애 때의 좋지 않은 모습이 결혼 이후 확 달라지는 사람은 없다고 보는 게 현실이지요. 그녀의 오빠는 생활비는 나몰라라 하면서도 자신의 물건은 턱턱 사들였습니다. 선애 씨가 이에 대해 말하면 '나랑 돈 보고 결혼했느냐?'는 말을 했습니다. 잦은 외박에 연락이라도 해 달라고 하면 사람을 구속하려 든다고 했고요. 집안일은 당연히 선애 씨의 일이었고, 냄새에 민감한 오빠 때문에 좋아하는 생선구이도 결혼하고 딱 한 번 해 먹었다고 합니다.

가장 납득하기 어려운 것은 이런 상황에서 이혼을 하자고 요구하는 쪽이 선애 씨가 아니라 그 오빠라는 사실입니다. 오히려 선애 씨는 자신이 어떻게 하면 되는지를 의논하러 저를 찾아왔습니다. 그 모든 사연을 말하는 선애 씨는 자신이 얼마나 불행한 일을 겪고 있는지를 절감하지 못하는 것 같았습니다. '그저 이런 일이 있네요…' 정도의 무심한 모습에 가까웠습니다. 오빠의 좋은 점이 무엇이냐는 상투적인 제 질문에 대한 답변도 역시 상투적인 "오빠를 사랑해요, 오빠도 절 사랑한다는 걸 알아요."였습니다.

:(
뭔가 이상하다는 느낌이 들면서도 단념하지 못하는 건

세상에는 자기중심적이다 못해 자기도취적이어서 자기 욕구 이외의 것은 눈에 보이지 않는 사람들이 있습니다. 잘못은 늘 자기가 해 놓고도 상대방의 마음이 변해서, 상대가 까다로워서라고 비난을 하고, 좀 가까워진다 싶으면 꼬투리를 잡아 관계를 흔들어 버립니다. 상대방의 신경과 감정을 자기 기분에 따라 쥐락펴락 합니다. 이런 사람들 앞에서는 침묵해도 잘못이고 입을 열어도 잘못입니다. 잠자코 있으면 관심이 식었다고 하고, 입을 열면 잔소리라고 짜증을 내면서 결국 상대방의 감정이 폭발하도록 만드나 결론은 '네가 인내심이 부족해서' 때문이지요.

당연히 이런 사람과의 사랑이란 행복한 시간은 잠깐이고, 그 잠깐이 지나고 나면 '이건 아닌데' 하는 느낌을 미친 듯이 참아내는 상태입니다. 뭔가 늘 갈등을 안고 있다는 느낌이고, 골똘히 생각하고 또 생각하게 됩니다. 당사자는 '도대체 뭐가 잘못된 거지?' 고민하다가 결국은 늘 자신이 먼저 '잘못했다. 다시는 안 그런다' 하면서 상대방을 떠나지 못합니다. 사랑을 믿어야 할지 완전히 단념해야 할지 혼란스러워하지만 결국 사람은 자신이 믿고 싶은 것을 믿는 법입니다.

사랑의 신화나 환상 중에는 사랑은 곧 희생이니 고통을 느끼는 것이 당연하고 상대의 불합리한 태도도 사랑의 이름으로 포용하고 인내해야 한다는 부분이 있습니다. 혹은 상대를 놓고 '본성이 나쁜 사람은 아니야, 지금 상황이 그래서 그래. 마음 깊은 곳에서는 날 사랑하고 있을 거야. 내가 곁에 있어 주면 달라질 거야' 하면서 세월을 보냅니다.

보통은 연애 초기에 '뭔가 이 사람이 이상하다'는 것을 눈치 채기 마련입니다. '뭔가 이상하다'는 이 체감이 매우 중요합니다. 어린 시절에 충분히 사랑받으며 자란 사람들은 이것을 금세 알아챌 뿐더러 참지도 못합니다. 그들은 사랑이 어떤 것인지 분명히 알고 있으니까요. 사랑은 존경과 배려로 이루어지며, 사랑하고 있을 때 두 사람은 세상의 중심에 있고 부드럽고 감미롭다는 것을 압니다. 그렇기에 속이 꼬여 있거나 성격에 문제가 있는 사람을 본능적으로 피하면서 좋은 상대를 찾아갈 수 있습니다. 반대로 사랑을 제대로 받지 못했거나 잘못된 사랑을 받은 사람은 고통스러운 관계를 붙잡고 늘어질 가능성이 높습니다. 그들은 누구와 친해진다는 것은 원래 견뎌야 하는 문제가 많은 것이라고 오해하고 있기 때문입니다.

:(
사랑이 아닌 것을 붙들고 씨름하지 마세요

선애 씨는 어떤 경우일까요? 아버지의 직업 때문에 그녀는 외국의 여러 곳을 돌아다니며 어린 시절을 보냈습니다. 길어야 2, 3년, 짧을 때는 6개월만에 학교를 옮겨야 했던 적도 있었습니다. 전학을 가서 새 선생님, 낯선 아이들 틈에서 살아남기 위해 다른 사람들이 싫어할 만한 짓을 하지 않고,

언제나 남의 기분을 잘 맞추며 자기 것을 양보해야 했습니다. 학교에서 자기 별명이 'class pet(학급의 애완동물)'이었다면서, 그것이 너무나 싫었다고 했습니다.

그렇다고 집에서는 활발하게 지내면서 하고 싶은 대로 하는 아이였을까요? 학교생활이 버거울수록 낯선 환경이 두려운 아이일수록 부모님과 떨어지지 않으려 하고, 대부분의 시간을 집에서 보내면서 가족에게 의존합니다. 가족의 중요성이 지나치게 비대해지면서 부모와의 관계에서도 그들의 마음에 들기 위해 애쓰고 눈치를 보는 아이로 자라게 됩니다. 선애 씨 또한 그런 아이였습니다. 그녀의 의존적 사랑의 욕구가 너무 커져 버렸습니다. 누구에게든 예쁨받고 착하다는 소리를 들어야 하고, 네가 필요하다는 말을 들어야 안심이 됐습니다. 친구든, 연인이든 늘 곁에 있어 혼자가 아님을 확인하는 것이 너무 중요했습니다. 손해를 보더라도, 신경을 곤두세워 비위를 맞춰야 해도, 혼자인 것보다는 나았습니다. 누구를 만나도 상대가 원하는 대로 해 주는 것이 당연해지니, 선애 씨는 점점 아무렇게나 대해도 되는 만만한 사람으로 대접받게 된 것이지요.

존중과 책임과 배려가 없는 것은 사랑이 아닙니다. 여기에 다른 어떤 설명도 필요치 않습니다. 사랑은 희생으로 거래되는 것이 아닙니다. 우리가 흔히 사랑에 희생이 따른다고 말할 때 그 희생은 사랑과 맞바꾸는 거래의 개념이 아니라, 기쁨과 한 쌍으로 된 특별한 것입니다. 사랑을 구걸하기 위해 너무도 많은 것을 잃고 자신을 내주는 것이 아니라, 진정한 기쁨이 사이사이 배어 있는 그런 것입니다.

사랑이 아닌 것을 붙들고 씨름을 하고 있다면 자신이 무슨 짓을 하고 있는지, 왜 그렇게 하는지 찾아야 합니다. 안타까운 것은 남에게 일어난 일이 아니라 내게 일어난 일에 대해서 우리는 반쯤 눈을 감거나, 비스듬히 바라보게 된다는 것입니다. 두 눈을 부릅뜨고 정면을 보고 또 봐야 할 상황에서 말입니다. 최선을 다해도 상대가 변하지 않는다면 그만두세요. 물론 겁이나고 불안하겠지만, 지금껏 겪은 고통이 그보다 극심하다는 것을 잊지 않는다면 못할 것도 없다는 사실을 잊지 마세요.

똑같은 드라마의 주인공은
그만하세요

드러내놓고 핍박과 고통을 주고받는 것만이 나쁜 사랑은 아닙니다. 이와는 다른 양상으로 관계의 한쪽을 절망시키는 부류의 사람들이 있습니다. 현민 씨는 학교 다닐 때 여학생들에게 인기가 많았습니다. 자상하고 남의 일에 관심도 많아서 여자뿐 아니라 동성 친구, 선후배 사이에서도 좋은 평을 받았습니다. 졸업 후 선배인 민주 씨가 그와 연인이 되려고 했을 때도 별 염려는 없었습니다. 두 살 연하남이라는 것도 요즘은 오히려 득이었으니까요. 집안도 넉넉한 현민 씨와의 연애는 민주 씨에게 행운인 것 같았습니다.

하지만 결혼 이후 모든 것은 너무나 달라졌습니다. 밖에서는 분명 궂은 일도 마다하지 않고 남의 일에 헌신적이었던 현민 씨가 막상 결혼을 하고 나니, 사소한 일도 모두 민주 씨에게 미뤘습니다. 아니, 미룬다기보다는 민주 씨가 모든 것을 알아서 결정하고 처리할 것으로 알고 있었습니다. 심지어 자신의 직장에는 늦게 출근하거나 피곤하면 아예 안 나가기 일쑤였습니다. 직장도 아버지의 가게였지만, 현민 씨가 제때 출근하지 못하면 가게에 전화해서 사정을 둘러대는 것도 민주 씨의 몫이었습니다. 시부모는 착하고 나무랄 데 없던 아들이 자꾸 삐걱대는 모습을 보이자 그 책임을 민주 씨에게 돌리려고 했습니다.

외아들인 현민 씨에게는 매우 사랑받고 자란 사람이 지닌 여유와 따스함이 있었습니다. 하지만 너무 많은 사랑을 받았다는 것과 현명하게 사랑받았다는 것은 매우 다른 말입니다. 부모님뿐 아니라 조부모님들도 현민 씨가 무엇을 하건 영리하다며 귀여워하셨고, 현민 씨는 자신이 실제 그러하다는 과장된 자아상을 가지고 자랐습니다. 이것저것 손대는 것은 많았지만 커 갈수록 무엇을 끝까지 하기보다는 잠시 어른들의 칭찬만 받으면 만족했습니다. 힘들고 하기 싫어도 꾸준히 한다는 것이 무엇인지 모른 채 살짝 재주를 익혀 그때그때 임기응변으로 상황을 모면하는 것이 전부였지요. 학교생활을 제대로 해내지 못해도 부모님이 나서서 변명을 했습니다. 굉장한 가능성을 지닌 아이인데 아직 철이 덜 들어서라고요.

이런 삶의 태도는 결혼 생활에 그대로 옮겨 왔습니다. 연애 시절에 현민 씨가 자신은 '어려서는 어머니, 자라서는 아내, 늙으면 딸을 따를 거라며 이것이 신(新) 삼종지도'라고 키득거렸던 농담은 사실이었습니다. 현민 씨는 자기를 정말 사랑한다면 일을 제대로 하건 말건, 어른답건 아니건 아무 조건 없이 사랑해야 한다고 주장했습니다. 하지만 남녀 사이의 사랑은 그럴 수 없습니다. 건장하고 따뜻한 사람이지만 어린이에서 성인으로 전환이 이루어지지 않았을 때, 이성 관계는 불가능합니다.

민주 씨는 이제와 생각해 보니 대학 때도 그가 수업을 빼먹는 일이 잦았고, 졸업 후 계획이나 자신을 위한 어떤 시도에도 관심 없었던 것이 기억났습니다. 몇 차례 전해 들은 여자관계도 꼭 여자 선배들이었던 것, 누가 시키는 일은 좀 아니다 싶은데도 쩔쩔매며 다 하던 모습까지 전부 지금의 모습과 연관되어 있었습니다.

:(
왜 늘 비슷한 사람에게 눈이 가는 걸까요?

상담을 하면서 민주 씨는 놀라운 점을 깨달았습니다. 자신이 여태껏 애정을 느꼈던 사람들이 한결같이 현민 씨 같은 사람이었습니다. '따스하고 부드럽고 온순한 사람'에게 늘 끌렸는데, 그 모습은 사실 '책임지려 하지 않고 결단력 없이 의지하려는 사람'일 수 있었습니다. 어찌 보면 무능력함에 가까운 남자에게 왜 끌렸을까요? 민주 씨는 실은 아버지와 다른 남자를 찾고 있었습니다. 민주 씨의 아버지는 매우 성공한 사람이었습니다. 명예와 돈도 다 가졌지만 집에서의 모습은 전혀 성공적이지 못했습니다. "내가 너희를 위해서 얼마나 피땀을 흘리는지 알아? 돈 버는 게 어떤 건지 아느냐고? 집에서 편하게 놀고먹는 것들이 무엇을 알겠어?" 아버지는 매일 같이 어머니를 무시하는 말을 입에 달고 살았고, 자식들도 얼마나 자기 눈에 드느냐에 따라 상벌을 주었습니다. 민주 씨는 그런 아버지를 싫어하면서도 비위를 맞춰야 했습니다. "강하고 유능한 남자치고 아버지 같지 않은 사람이 어디 있겠어요? 다 잘난 척하고 아내를 무시하고…. 그런 남자와 살면 저는 또 눈치 보는 여자애 노릇을 해야 할 것 아니에요? 저는 엄마처럼 살고 싶지 않아요."

민주 씨는 자신이 우월한 위치에 서기 위해 나약한 남자에게 끌렸던 것일 수 있습니다. 꼭 그녀만의 이야기는 아닙니다. 우리 모두 곰곰이 생각해 보면 늘 비슷한 유형의 사람을 만나는 경향이 있습니다. 이미 겪었던 애정이나 감정을 자꾸 반복하는 양상을 심리학에서는 '반복 강박'이라고 합니다. 마치 꺼진 불을 보고 또 보고, 같은 생각을 하고 또 하는 것처럼 계속 반복한다는 뜻입니다. 연애 관계의 반복에는 패턴이 있습니다. 부모와 겪은 특별히 고통스러웠던 측면을 그대로 재연하거나 혹은 그와 정반대로 가려고 지나치게 몸부림치다가 엉뚱한 함정에 빠지는 식입니다.

:(
애정 결핍을 열정으로 포장할 수는 없습니다

사랑을 했다 하면 꼭 복잡한 연애사를 가진 여자하고만 하는 내담자가 있었습니다. 그는 연인의 옛 애인들에게 강한 질투를 느끼며 어쩔 줄 몰라 했습니다. 하지만 사실 그토록 연인의 옛 남자를 상세히 알게 된 것은 그 스스로 자꾸 이야기를 해달라고 졸랐기 때문이었습니다. 고통을 즐기는 것도 아니고, 그의 이런 행동은 무엇을 의미할까요? 그가 어릴 때 부모님은 이혼하고, 그 뒤 어머니는 여러 남자와 만남과 헤어짐을 겪었다고 합니다. 남자가 바뀔 때마다 어머니의 고통과 혼란은 그대로 아이에게 전해졌습니다. 엄마의 남자를 질투하고 분노하면서 불안정하고 불행한 어린 시절을 살았건만, 자신이 어른이 되어서 질투를 유발시키는 여성하고만 사랑에 빠진다니 얼마나 역설적인가요?

부모에게서 가장 견디기 힘들었던 점을 지닌 연인이나 배우자 곁에 있게 된다면 어떨까요? 똑같은 드라마를 반복해서 연출하는 감독처럼 똑같은 각본에 걸맞은 연기자를 찾아다니며 살고 있는 것이라면요? 그러면서 사랑은 원래 힘든 것이고, 희생과 인내가 필요한 것이라고 주장할 수 있을까요? 그런 사람들은 힘든 사랑을 골라 하면서 자신의 사랑을 한없이 크고 너그러운 것이라고 스스로 포장합니다. 좋은 것을 주어도 제대로 받지 못하는 사람에게까지 끊임없이 애정과 정성을 퍼부으면서 건강할 수 있는 사람은 없습니다. 이 또한 자기 자신으로 존재하지 못하고 다른 사람에게 자신을 집어넣어 그 사람의 반응과 판단에 기대어 산다는 의미입니다. 사랑이 아니라 극도의 의존인 셈이지요. 어린 시절부터 생긴 애정 결핍을 이제 와서 열정이라는 이름으로 포장하려는 심산이기도 합니다. 이것이 바로 학대나 부당한 대우를 견디는 사람이 인위적으로 만들어 내는 이유이기도 합니다. 정신을 똑바로 차려야 합니다. 당신이 사랑하는 그 사람은 당신을 나쁘게 대하고 있으며, 심리적인 문제가 많아 치료가 필요한 사람에 불과하니까요.

이런 관계를 처음부터 시작하지 말아야 하지만 보통 불행은 당장 들이닥치지 않습니다. 잘못이 잘못으로 보이지 않고 처음에는 그저 새롭고 특이하게 보이기 마련입니다. 차가운 사람은 조심성이 많은 사람으로, 냉정한 것은 신중한 것으로, 둔감한 태도를 천재성이 있는 것으로 보기까지 합니다. 그렇게 시간을 보내다 보면 또 익숙해져 버립니다. 원래 그러했던 것처럼 모욕하고, 때리고, 함부로 대하더라도 더 이상 두드러지지 않는 보통의 자극이 되어 감각이 무뎌지는 것입니다. 그러니 자신 스스로 '내가 실수했다, 속았다'는 것을 인정하기 위해서는 엄청난 용기가 필요합니다. 실패했다는 인정은 감당하기 힘들 만큼 자신 안의 상처를 헤집어 놓기도 할 것입니다. 하지만 실수를 인정하지 않으면 삶이 점점 황폐해질 것이 분명합니다.

가장 자신다운 모습으로
일상을 일상답게
감정을 표현하며
현재를 살아 가세요.

당신은 행복한 시간,
더 나은 삶을 누릴 자격이 있습니다.

Part 3

슬럼프에서
빠져나오는
법

나,
자기감
찾기

지금의 자신을
의식하세요

앞서 살펴보았듯 슬럼프가 오는 이유는 다양해 보입니다. 하지만 엄밀히 따지고 보면 슬럼프의 원인은 외부 사건이나 사람에 있는 게 아니라 '자기 자신'에게 있습니다. 슬럼프를 넘어서려면 자기를 변화시켜야 하고, 자기를 변화시키면 슬럼프에서 빠져나올 수 있다는 의미입니다. 그렇다면 '자기를 변화시킨다'는 말은 무엇을 의미할까요? 성격을 바꾼다는 말일까요? 태도나 생각을 달리해야 한다는 말일까요?

이 모든 것이 정답이 될 수도 있겠지만 자기 변화란 한마디로 습관의 변화라고 할 수 있습니다. 생각 때문이든 태도 때문이든 성격 때문이든, 지금의 내가 슬럼프에 자주 빠지는 성향을 지녔다면 곧 기능이 떨어지는 습관이 몸에 배어 있다는 뜻입니다. 습관은 '오랫동안 그렇게 해 온 것'인데, 습관을 이야기할 때 시간보다 더 깊은 관련이 있는 것이 바로 '의식의 부족'입니다. 즉, 의식하지 못하면서 하는 것이 습관인 것입니다. 습관과 행위의 차이는 그 행동을 얼마나 의식하느냐에 있습니다. 바른 행동이건 아니건 간에 자신이 무엇을 하는지 제대로 파악하지 못하면서 하는 기계적인 행동은 이미 자신의 것이 아닙니다.

따라서 습관을 바꾸는 첫 단계는 행동에 집중하는 것입니다. 뜨거운 물그릇을 들다가 손가락이 물에 빠졌다면 얼른 빼거나 물그릇을 떨어뜨릴 것입니다. 뜨거운 물에 닿으면 우리 몸의 감각과 의식은 '뜨겁다'는 것에 집중합니다. 그래서 어떤 그릇이든, 무엇이 담겨 있든 간에 우선 떨어뜨린다는 '아주 다른' 행동을 하게 됩니다. 습관을 바꾸지 못한다는 것은 뜨거운 물을 뜨겁다고 느끼지 못할 만큼 습관적인 행동을 무의식적으로 반복한다는 말입니다. 이 정도 예시면 슬럼프를 극복하기 위해 일단 지금까지 해 온 생각과 행동들을 변화시켜야 한다는 데 동의하시나요? 그렇다면 그 시작은 변명하려는 자신을 극복하고, 어리석은 줄 알면서 계속 어떤 행동을 해 왔다는 것부터 인정해야 합니다. 즉, 자신에게 솔직해지는 것, 그것이 바로 슬럼프에서 벗어나는 첫걸음입니다.

:(
'내 안의 나'와 직접 대면하세요

우리를 둘러싼 세계는 둘로 이루어져 있습니다. 주변 환경에서 오는 끊임없는 자극(즉 사건)과 자극을 해석하는 우리의 지각 체계입니다. 지각 체계에는 어떤 사건이나 사람을 '아, 그렇구나' 하고 아는 것, 파악하는 것, 평가하는 것들도 포함됩니다. 우리는 감각 기관과 가치관, 경험, 지식 등의 영향을 받으면서 지각 체계를 통해 어떤 일이 내게 유익한지, 잘된 것인지, 옳은 것인지 등을 파악합니다. 늘 벌어지는 사건들을 각자의 기준으로 파악하고 처리하는 것이지요. 결국 '사건 × 자신의 지각 체계'라는 함수가 지금 자신이 겪고 있는 어려움, 고통이자 자랑스러움, 보람인 셈입니다. 이렇게 본다면 지금 밖에서 무슨 일이 벌어지는가를 재빨리 알아차리는 것도 중요하지만 자신이 현재 어떤 지각 체계로 살고 있는지를 아는 것도 매우 중요합니다.

매일의 출근길이 다른 사람이 있을까요? 없다고 단정할 수는 없지만 매우 드물 것입니다. 운전을 하든, 대중교통을 이용하든 간에 대부분 늘 같은 길로 다닙니다. 아마도 과거 어느 때에 그 길이 가장 빠르고 덜 혼잡하다고 판단했을 것입니다. 물론 처음에 그 길을 출근길로 정할 때는 상당히 심사숙고했을 것이고요. 그 후 누구는 5년째, 또 다른 누구는 3년째 같은 길을 다니고 있을 것입니다.

만일 당사자가 모르는 사이에 새로운 길이 만들어졌다고 가정해 보죠. 그러면 이제까지의 출근길은 더 이상 의미가 없습니다. 설령 5년째 이용했던 길이라 해도 빨리 변경해야 합니다. 하지만 실상 우리는 일이 잘 풀리지 않을수록 이전의 방식에 더 매달리는 경향이 있습니다. 심지어 늘 다니던 길이 공사에 들어가 엉망인데도 더 일찍 나와 그대로 다닌다면 뭔가 잘못되어도 한참 잘못된 것이겠지요. 문제 상황도 이와 비슷합니다. 문제 상황이 벌어졌다고 느껴지면 일단은 모른 척하고 그래도 안 되면 도망가려고 하는 사람이 있습니다. 그것으로 안 될 때는 이미 과거부터 쭉 써 오던 방법들, 말하자면 공격이나 회유, 동정심 유발, 합리화 등으로 진정한 문제 해결에서 점점 멀어지기도 합니다.

당신은 지금까지 어떤 길을 다녔나요? 그 길의 문제점은 무엇인가요? 더 나은 새로운 길은 없나요? 이에 대답하기 위해서는 잠시 멈춰 서 자신을 바라보아야 합니다. 막히는 길 위에서 마냥 시간을 허비하고 있을 수는 없지 않은가요?

:(
가짜 자기와 진짜 자기를 구별하세요

대부분의 사람들은 다른 사람들이 자신을 제대로 이해하지 못한다고 생각합니다. 자신의 내면과 소망, 생각들을 온전하게 이해받고 싶지만 겉으로 보이는 일부만 보고 잘못 판단한다고 여기지요. 그렇다면 남들이 나를 이해하지 못하는 것은 그들이 나를 잘 모른다는 말과 같은 것일까요? 그리고 나를 잘 알지 못하기 때문에 남들이 나를 싫어한다고 한다면, 이 말은 자기 자신에게도 해당하는 것일까요? 나는 나 자신에 대해 잘 알고 있을까요? 나는 나 자신을 잘 알아서, 잘 이해하고 있어서, 그래서 좋아하고 있나요?

'내 안엔 내가 너무도 많아…'라는 노랫말이 있습니다. 심리학자들은 사람은 단 하나의 '내'가 아니라 일련의 '자기들'로 이루어져 있다고 전제합니다. 그 자기들이란 성장하면서 자연스럽게 일어나는 자기 성장의 결과입니다. 처음에는 부모가 주는 안전감이나 편안함 같은 것을 자기라고 여깁니다. 시간이 지나면서 아이가 힘이 세지고 무엇이든 다 할 수 있다고 생각하는 자신에 대한 과대평가도 자기의 중요한 부분입니다. 또한 다른 사람들을 흉내 내고 싶거나 어떤 사람처럼 되고 싶거나 그 사람이 곧 나라고 여기는 것도 자기 발달의 중요한 한 축이 됩니다.

하지만 우리의 보호자들 중 그 누구도 완벽하고 무조건적인 사랑으로 우리를 수용하지는 못했습니다. 부모 자신의 기준으로 평가하고, 그 가치에 조건을 붙여 가며 양육했습니다. 그 과정에서 아이는 자신이 환영받지 못하고 있으며, 심지어는 사랑받지 못한다고 느끼기도 합니다. 그러면서 그때그때 적절하다고 여기는 여러 개의 자기로 분리하여 반응을 하지요. 분리된 자기는 자연히 응집력이 떨어지면서 힘도 약해집니다. 또 상처 입은 자기는 무력감을 느끼고 이에 대한 방어로 실제보다 자기를 더 대단한 것으로 꾸미거나 과시하여 찬사를 받으려 하기도 합니다. 혹은 약한 자기가 생길 때 함께 있었던 나쁜 경험들의 기억에 사로잡혀 못 빠져나가기도 하고요. 이렇게 약한 자기들이 스스로를 보호하려고 안간힘을 쓰는 동안에 자기는 외부의 경험들을 골고루 받아들이지 못하고 방어하기에만 급급해집니다.

예를 들어 지적 기능만을 중심으로 자기가 만들어진 사람이 있다고 생각해 봅시다. 그는 자신의 다른 부분들과는 차단된 채로 머리로만 사는 사람 같습니다. 자기가 누구라는 느낌도 없고 매사에 진짜 자기가 사는 것 같지 않다고 느낍니다. 건강한 자기가 다양한 경험을 통합하는 데 실패했기 때문에 환경과의 진정한 만남도 이루어지지 않습니다. 지적 기능의 자기가 그 사람이 보여 주는 대부분의 모습이고 그 모습으로 사회적 역할을 하기 때문에 다른 사람들은 그것을 그 사람의 '진짜 인격'으로 간주합니다. 하지만 그 사람이 실제로는 지루하고 공허하고 산만한 감정 상태로 산다면 그 자기가 사실은 가짜라는 말입니다.

이러한 가짜 자기의 발달은 어린아이였을 때부터 세상에 적응하기 위한 방편이었을 겁니다. 보호자의 양육 안에서 반응할 수밖에 없는 아이는 어떤 때는 자신을 자랑스러워하고, 자신을 욕하고 미워하는 환경 속에서 혼란스러워 합니다. '이상하다. 나는 똑같은 내가 아닌가 보다. 나는 하나가 아닌가 보다'라고 생각합니다. 부모의 반응에 따라 자신의 어떤 느낌이나 생각, 충동들을 나쁜 것으로 취급해 버리고요. 그 과정에서 아이는 자신을 통합된 하나로 취급하지 못합니다. 적대적인 세상에서는 가짜 자기로 반응하는 편이 낫다고 여깁니다. 즉, 가짜 자기란 자신의 어느 부분을 제외하거나 거부하고 세상에 보이기 위해 꾸미는 모습을 말합니다.

:(
진짜보다 앞서는 가짜의 습관을 조심하세요

가짜 자기가 발달한 사람은 무엇이 정상이고 적절한 것인가에 대한 감각이 떨어집니다. 현실을 똑바로 판단할 수 있는 기준이 손상되어 있는 그들의 인생은 늘 앞뒤가 안 맞고, 상처와 고통으로 가득 차 있습니다. 그런데도 '이것이 맞나 보다' 하면서 살아갑니다. 그리고 그런 역할에 고정되어 다른 방식이 있다는 것을 모릅니다.

술을 먹고 들어오면 끊임없이 잔소리를 해대는 아버지를 둔 여성이 있었습니다. 그녀는 밤을 꼴딱 새면서 아버지의 주정을 다 들어야 했는데, 그때마다 함정에 빠진 기분이었습니다. 싫은 표정을 짓거나 졸기라도 하면 매를 맞아야 했습니다. 자신이 맞지 않으면 어머니를 때리기 때문에 꼿꼿하게 버텨야 했습니다. 어머니와 자신, 형제들을 때리는 아버지를 보면서 그녀는 가짜 자기를 키워 왔습니다. 잘못을 잘못이라고 표현하고, 분노를 분노로 드러내려는 진짜 자기에게 가짜 자기는 그런 모습을 보이면 위험하니 속여야 한다고 속삭인 것입니다. 그녀는 어른이 된 후에도 누군가 자신을 함부로 대하는 상황이 어색하지 않았습니다. 부당함과 불이익 앞에서 가짜 자기는 참아내기 기능을 제대로 발휘했습니다. 오히려 정당하고 귀한 대접을 받을 때 가짜 자기는 혼란스러워 했고요.

가짜 자기를 사용하는 사람들은 늘 지친 느낌을 줍니다. 가짜 자기를 꾸미고 진짜 자기와 단절시키는 데 많은 에너지를 쓰기 때문입니다. 이들이 공통적으로 호소하는 것은 바로 '뭔가 잘못되었다는 느낌'과 '이건 아닌데 하는 느낌'입니다. 이 수준을 뛰어넘어 진짜 자기를 회복하려면 현실에 대한 이해 방식과 신념 체계를 흔들 단서가 필요합니다. 진짜 자기는 숨어 있고 통상 가짜 자기가 앞에 나서기 때문에 진짜 자기와 닿으려면 처음에는 혼란과 두려움, 흥분, 슬픔, 분노 같은 것을 경험하게 됩니다. 어떤 사람들은 여기서 더 나아가지 못하고 포기하기도 합니다. 진짜 자기로 나아가는 것보다는 가짜 자기로 돌아가는 게 더 쉽고 편안하기 때문입니다. 그것은 오래된 습관이도 하고요.

꿈으로 나 자신을 이해하는 법

꿈을 꾸지 않는다는 사람들이 있습니다. 어떤 사람은 요새 꿈을 꾸지 않는다고 하고 또 어떤 사람들은 전혀 꿈을 안 꾼다고도 합니다. 하지만 어느 쪽도 사실은 아닙니다. 우리는 계속 꿈을 꾸고 있습니다. 다만 기억하지 못할 뿐입니다. 대부분의 꿈은 잠에서 깨는 순간 잊히지만, 어떤 꿈은 너무 또렷해서 생생하게 느껴지기도 하지요. 어떤 꿈들은 장면이나 사건은 조금씩 달라도 전체적인 맥락과 주제가 비슷하게 반복되기도 합니다. 대부분의 사람들이 꿈이 어떤 메시지를 담는다는 데 동의하고 있기도 하고요. '나도 모르는 나의 어떤 것이 작용하는 게' 꿈이라고 믿습니다. 우리는 통상 매일 밤 1시간에서 1시간 30분 정도, 때로는 4시간까지도 꿈을 꿉니다. 현실이라는 삶을 지키기 위해서 꿈은 나름대로 열심히 일한다고 보면 됩니다.

꿈은 낮 동안의 일을 아주 소중하게 여깁니다. 우리가 자는 동안 그것들을 분류하고 정리하여 잘 챙겨 놓습니다. 낮에 벌어진 일들 중에서 우리의 관심을 끌지 못했던 것들도 꿈은 소중하게 다룹니다. 거절당했던 외침이나 수치스러웠던 행동, 입에 담지 못할 생각 같은 것도 다 챙겨 놨다가 다시 보여 줍니다. 실현해야 할 것에 대해 이야기하기도 하고, 우리가 포기한 것이나 행동에 대해 말하기도 합니다. 꿈은 은밀하고도 사적인, 자신만의 것입니다. 그런데 우리는 왜 그것을 중요하게 여기지 않을까요?

혹자는 꿈을 저택의 후원에 비유합니다. 비싼 돈을 주고 으리으리한 저택을 샀다고 가정해 봅시다. 집에는 아름다운 대문과 마당과 후원이 있습니다. 현관문을 열고 들어간 실내는 으리으리합니다. 번쩍거리는 샹들리에, 고급 양탄자, 값나가는 집기들… 누가 봐도 매우 만족스럽습니다. 그런데 주인은 그 집의 거실과 방의 호화로움만 볼 뿐, 집의 후원은 한 번도 나가 보지 않습니다. 그러면 그 비싼 저택에 지불한 비용의 일부는 사라지는 셈입니다. 아침저녁으로 후원으로 나가 거닐고 구석구석을 즐겨야 비로소 그 집은 제값을 다하는 것입니다. 우리의 몸과 마음이 저택이라면 꿈은 저택의 후원입니다.

자신을 잘 돌보기 위해서는 두렵거나 수치스럽거나 용납할 수 없는 자신의 부분들도 살펴봐야 합니다. 그 방법 중 하나가 바로 꿈을 이해하고 통합하는 것입니다. 물론 꿈이 자신을 이해하는 전부는 아닙니다. 하지만 꿈을 중요하게 여기는 태도만으로도 우리가 얻을 것은 많습니다.

도무지 꿈을 기억할 수 없다면 이렇게 해 보세요. 우선 '꿈을 기억하겠다'고 마음먹는 것입니다. 그리고 눈에 잘 띄는 곳에 '나는 오늘밤 꿈을 기억할 것이다'라고 적어서 붙이거나 들고 다닙니다. 하루에 서너 번은 보세요. 물론 잠들기 전에도 봐야 합니다. 머리맡에는 녹음기나 노트를 두어서 잠에서 깨자마자 녹음하거나 빨리 적을 수 있도록 준비해 두세요. 나중에는 적어 놓은 단서들을 이용해 꿈의 모든 부분을 상세하게 적어 보세요. 어떤 것도 덜 중요하거나 중요하지 않은 것은 없습니다. 꿈은 상징입니다. 꿈의 언어는 상상의 언어이지 논리적인 언어가 아닙니다. 의식을 동원해 무엇을 빼고 넣고 하기 전에 꿈 그대로의 내용에 가치를 두어야 합니다.

이제는 적어 놓은 것들을 보면서 꿈을 이해해 보죠. '내가 왜 이런 꿈을 꾸는가?' 질문하며 원인을 생각하고 바라보세요. 꿈은 깨어 있을 때 억압해야 했던 욕구들을 충족시키기 위해 드러나는 것이라고들 합니다. 다만 있는 그대로 표출하면 너무 충격적이어서 수면을 방해할 수 있을 때 왜곡이나 검열을 거쳐 상징으로 나타냅니다. '상징'이란 현실의 사람이나 물건이 곧이곧대로 나타나는 것이 아니라는 뜻이지요. 꿈에 남자가 나타났다고 해서 꼭 현실의 어떤 남자는 아니며, 꿈에서 절벽을 기어올랐다고 해서 현실에서 암벽 등반을 한다는 의미는 아닙니다. 상징을 이해하기 위해서는 여러 가지를 연상해 봐야 합니다. 그것은 현실적인 상황이나 생각에 꿈의 내용을 비추어 보는 작업입니다.

꿈을 이해하는 또 다른 방법은 꿈의 목적을 찾아보는 것입니다. 꿈의 기능은 실제 생활에서 잘못 살고 있는 것을 바로잡으려는 것입니다. 따라서 꿈을 이해할 때에는 어떤 이미지가 의식의 어떤 태도를 보충하려고 하는지를 주의 깊게 살펴봐야 합니다. 이렇게 꿈은 그 사람의 실제 사는 모습과 밀접한 관계가 있습니다. 그래서 그 사람이 생각하는 것이나 중요하게 여기는 것에 대한 지식 없이는 이해할 수 없습니다.

무의식의 보상 작용이란 모자란 것을 단순하게 채워 주는 보충을 넘어서 조정하고 수정하는 것까지 포함합니다. 따라서 반복적으로 나타나는 꿈을 통해 그것을 바꾸도록 하거나, 잘하고 있을 때는 더욱 강조해 인격의 온전한 통합을 이룰 수 있습니다. 우리는 무엇이 잘못되고 있는지, 적응하지 못하는지를 꿈을 통해 알 수 있는 것입니다. 다음은 한 내담자가 가지고 온 꿈의 내용입니다.

결혼식이다. 아주 부산스럽다. 야외인데 탁자와 의자가 굉장히 많고 한쪽에는 음식도 마련되어 있고 꽃과 풍선으로 근사하게 장식도 되어 있다. 사람들이 모여들고 음악 소리도 나며, 곧 식이 시작될 것 같아 긴장되고 떨린다. 너무 떨려서 부케를 꼭 쥐고 배에 두 손을 붙였다. "신부 입장" 소리에 행진을 시작하는데 갑자기 사람들이 웅성거린다. 당황해서 내 옷차림을 보니 드레스 차림이 아니라 식당에서 일하다 온 복장이다. 긴 앞치마에 슬리퍼에 머리 수건까지 쓰고 있다. 놀라서 깼다.

내담자는 당시 부부 문제로 심각한 어려움을 겪고 있었던 20대 후반 여성이었습니다. 그녀는 결혼 정보 회사를 통해 아주 조건이 좋은 남자를 만나 결혼했습니다. 물론 그녀의 조건도 출중해서 사람들은 '완벽한 결혼', '최상의 커플'이라고 평했습니다. 이는 꿈에서 아주 근사한 결혼식 장면으로 나타났습니다.

실제 결혼 후 드러난 남편의 성격은 더할 나위 없이 이기적이고 나약했습니다. 또한 시댁과의 관계가 최악이었는데, 그녀가 느끼기에 시댁 사람들은 자신을 '하녀'로 취급했습니다. 꿈에서 식당에서 일하다 온 복장이 이를 상징합니다. 화려한 결혼식을 했지만 실상은 자신이 하녀 같다는 느낌을 지울 수 없었던 것입니다. 이후에 그녀가 가져온 또 다른 꿈도 있습니다.

　결혼하면 잘 놀러 다니지 못할 거라며 친구들과 여행 계획을 세웠다. 바다에 가기로 하고는 수영복과 가운, 모자, 선글라스 따위의 짐들을 잔뜩 챙겨 떠났다. 여행지에 도착하자 친구들은 수영복으로 갈아입고 해변으로 나가자고 했다. 나도 가방을 열고 수영복을 찾았다. 그런데 분명히 챙긴 수영복이 없다. 대신에 내 것이 아닌, 구식이고 색깔도 촌스러운 큰 사이즈의 원피스 수영복이 한 장 있다. 친구들은 그것을 보고 깔깔댄다. 그리고 "웬 원피스? 엄마 거 아니야?"라며 놀린다. 그 수영복이 엄마 것인가를 생각했더니 그런 것도 같고 아닌 것도 같다. 아무튼 내가 챙긴 것이 어디 있을 것만 같아서 계속 찾는다. 그러다 갑자기 장면이 바뀌고 웬 아이 혼자 탄 배가 떠내려간다고 난리다. 사람들이 술렁대고 다들 밖으로 뛰쳐나와 그 장면을 본다. 배가 움직이는 것이 보이는데 아이가 탔는지는 잘 모르겠다.

　그녀는 사실 결혼 전에 깊게 사귀던 남자가 있었습니다. 조건을 보면 부모님을 만족시킬 수 없는 남자였습니다. 꿈에서 자신의 것이 아닌 엄마 것인 듯한 촌스러운 원피스 수영복은 결혼에 대한 그녀의 감정을 반영한 것입니다. 가방을 열었는데 자신의 것이라고 챙겨온 수영복이 없고 엄마 것만 있다는 상황은 현재의 결혼 상태를 말해 줍니다. 남편은 자신이 선택한 남자가 아니라 엄마가 선택한 남자라고 인식하고 있다는 것이지요.

이 꿈을 꾼 주인공은 자신의 결혼 생활이 엉망이라는 불만과 고통으로 거의 폭발 직전이었습니다. 그 대부분의 내용이 시댁과의 문제와 남편이 중간 역할을 하지 않는다는 것이었습니다. 엄마의 뜻에 따라 한 결혼 생활에서 사실은 자신도 최선을 다하지 않고 있음을 알아차리지 못했습니다. 게다가 엄마의 의견에 따라 자신의 욕구가 좌지우지되었던 기나긴 개인사에 대해서도 제대로 이해하지 못하고 있었습니다. 흔히 넉넉한 가정에서 공부 잘하는 딸로 자라나 표면적으로 결핍과 갈등에서 자유로웠던 여성들에게서 가끔 볼 수 있는 경우였습니다.

그녀가 끝까지 이해하기 어려워했던 것은 배를 타고 떠내려가는 낯선 아이의 등장이었습니다. 꿈속에서도 전후 연결이 잘 안 되면서 튀어나온 이 장면은 무엇을 상징할까요? 아마도 떠나고자 하는, 떠나야만 하는 자신인 것 같다는, 그것도 사실은 그녀가 아이였을 때부터 그렇게 하고 싶었던 것 같다는 연상은 한참 후에야 가능했습니다.

꿈의 메시지를 활용하는 법

이처럼 우리의 꿈은 나름대로 논리가 있습니다. 우리는 꿈에서 어떤 줄거리를 만들어내지만 그 구성은 자체로서 의미를 지닙니다. 부분과 부분으로 전체가 구성되지만 언제나 상세한 부분까지 다 설명이 되는 것은 아니겠지요. 가장 중요한 것은 꿈이 자신에게 전달하고자 하는 메시지를 이해하는 것입니다. 세세한 부분에 신경을 쓰다 보면 꿈의 중심 메시지를 놓치는 경우가 종종 있습니다. 작은 부분보다는 꿈이 이야기하는 정서적인 면에 주목하면서 자신이 이해할 수 있는 수준까지 해석하는 것이 중요합니다. 다 이해받지 못한 꿈은 후에 구성을 바꾸어서 다시 우리 앞에 나타날 것입니다. 꿈으로 자신을 이해하기 위해 다음의 과정을 따라해 보세요.

1단계_ 기록하기

꿈의 상세한 부분을 포함해 모두 기록하세요. 그리고 각 꿈의 내용과 관련된 첫 번째 이미지를 적습니다. 꿈의 언어는 논리적인 언어와는 다릅니다. 꿈의 상징은 다른 어떤 것과 연상되어 있습니다. 꿈의 이미지를 바라보는 자신의 느낌, 자신의 마음에 들어오는 단어나 이미지는 무엇인가요? 그 이미지와 연상되는 어떤 것이든 적습니다. 한 이미지에 대한 연상이 끝나면 다음 이미지로 넘어가세요. 이미지에는 사람, 물건, 상황, 색, 소리가 모두 포함됩니다. 가능한 모든 연상을 다 동원하세요.

2단계_ 질문하기

꿈의 이미지를 내적 부분과 연결시키는 단계입니다. 다시 꿈의 이미지로 돌아가서 질문해 보세요. '나의 어떤 부분이 있는가? 이와 같이 느끼거나 행동하게 하는 사람은 내 안의 누구인가? 내 성격 어디에서 이런 특질을 찾을 수 있는가?' 언제나는 아니지만 대부분의 꿈은 꿈을 꾼 사람의 내적 생활을 표현합니다. 꿈의 사건과 상응하는, 자기 생활의 예를 찾아보세요.

3단계_ 회복하기

꿈을 실현하기 위한 단계입니다. 현재 자신의 생활과 정신세계의 부족한 부분, 회피하고 있었던 부분, 어렴풋이 눈치 채고 있었지만 인정하고 싶지 않았던 부분들에 대해 깊이 이해하고 협조하려는 마음을 가지세요. 꿈을 알고 이해하고 그 메시지를 받아들이겠다는 마음가짐 자체가 내적 힘을 많이 회복시켜 줄 수 있습니다.

남보다는 나를
자식처럼 친구처럼 바라보세요

'여러 사람들과 함께 웃고 떠들어도 혼자 있다는 고립감을 떨쳐 버릴 수 없다. 나처럼 초라하고 보잘 것 없어 보이는 사람은 없다. 아무도 내게 진심으로 관심을 갖지 않는다. 매사에 자신이 없다.' 슬럼프의 단골손님인 공허함이나 외로움은 결국 남들이 자신을 봐주지 않는 데서 시작합니다. 그래서 자신이 사랑받을 만하고 가치 있다는 느낌을 확인받기 위해 끊임없이 노력하지요. 남들의 눈에 들기 위해서는 무엇이든 합니다.

자신의 가치를 스스로 인정하지 않으면서 자신을 가치 있다고 말해 줄 사람을 찾아 헤매는 것. 그것은 심각한 갈증을 달랜답시고 탄산음료를 마시는 것과 같습니다. 탄산음료는 그 순간만은 잠시 시원하지만 갈증에는 오히려 독이 되지요. 금세 갈증은 다시 올라오고 또다시 타인의 찬사를 찾아 헤매야 합니다. 만약 믿었던 상대방이 등을 돌린다면 아마 자신의 정체성도 함께 사라져 버릴 것입니다. '저 사람이 없으면 저는 아무것도 아니에요’와 같은 모양이지요.

남이 인정할 때에만 자신이 가치 있다고 생각하나요? 상대방이 나를 인정한다는 것은 무엇일까요? 재산, 학벌, 직업, 성과, 외모, 성적 같은 것만 꼽을 수 있을 겁니다. 남들은 어차피 눈에 보이는 것만 볼 수밖에 없으니 당연한 것이지요. 눈에 보이지 않는 실제 나를 알아주고 인정해 주는 건 불가능합니다. 따라서 타인이 인정해 주는 가치는 진정 자신을 만족시켜 줄 수 없습니다. 상대방의 찬사를 찾아 헤매지만, 막상 찬사를 받아도 마음 한 구석에서는 그게 진짜 자신을 향한 것이 아니라 자신의 ‘무엇(재산이나 학벌, 직업, 외모 따위)’에 대한 인정이니 가짜라는 생각을 지울 수 없는 것입니다. 스스로 자기 가치를 인정하지 못할 때 느끼는 공허함은 어디에서도 채울 수 없습니다.

그렇다면 자신의 가치를 스스로 인정한다는 것은 무엇일까요? 그것은 자신이 딱히 무엇을 잘해서 인정해 주는 것이 아닙니다. 누구보다 얼마나 잘났기 때문에 인정한다는 뜻도 아닙니다. 그냥 인정하는 것일 뿐입니다. 이유는 없습니다. 그냥 스스로 자신을 인정하세요. 자신에게 있는 실수와 약점은 자신이 가장 잘 압니다. 나에 대해 나만큼 잘 아는 사람이 없는데 그것을 모를 수 있나요? 그렇더라도 ‘나는 충분히 가치 있다’고 받아들이는 것입니다.

:(
자신을 자식같이 여겨 보세요

아이를 키워 본 사람이라면 자신을 또 하나의 자식으로 생각하면 쉽게 이해할 수 있습니다. 아이를 키우면서 우리는 내 아이가 잘생겼는지 못생겼는지, 머리가 좋은지 나쁜지에 대해 알게 됩니다. 다 알지만 '그럼에도' 내 아이가 세상에서 가장 소중하지요. 못생기고 명석하지 않아도 그 누구보다 소중하다는 사실은 한 발짝도 양보할 수 없는 사실입니다.

또는 당신 자신을 좋아하는 친구나 연인이라고 생각해 보세요. 좋아하는 사람에게 모욕적이고 마음 상할 게 틀림없는 말을 함부로 내뱉을 사람은 없습니다. 그의 말이나 행동이 모두 옳아서가 아닙니다. 관점이나 의견이 다르더라도 완전히 등을 돌리거나 형편없는 사람이라고 여기지도 않습니다. 오히려 상대방을 이해하려고 노력하며 인격적으로 상처받지 않게 하려고 애를 씁니다. 당신 자신에게도 이와 똑같이 대하는 것이 바로 자신을 인정하는 태도입니다.

자기 가치를 인정하는 사람은 자존감이 높은 사람입니다. 자존감은 남들이 주는 게 아니라 자기가 자기를 존중하는 마음입니다. 자존감이 높은 사람은 꼭 무엇을 해야만 가치 있을 것이라는 생각에서 자유롭습니다. 일을 얼마만큼 했는가보다는 얼마나 즐겁게 했는지를 중시합니다. 자존감이 높은 사람들도 때때로 일하고 싶은 의욕이 없을 수 있는데, 그렇더라도 죄의식을 느끼고 안달하지는 않습니다. 자기 안에 지혜와 가치가 있음을 믿기 때문입니다. 단지 시간이 좀 지나면, 긴장을 풀어 준다면, 필요 이상으로 머릿속이 복잡하지만 않다면 다시 하고 싶은 욕구가 생길 것이라고 믿습니다.

동물 행동학을 연구하는 사람들에 의하면 인간이나 동물은 원래 게으르지 않으며 오히려 항상 무언가를 하지 않고는 못 배기는, 늘 의욕에 차 있는 유기체라고 합니다. 물가에서 뛰노는 아이들을 생각해 보세요. 아이들은 한참 물속에서 놀다가 뛰어나옵니다. 모래밭에 쭈그리고 앉아 또 몇 시간씩 모래성을 짓느라 정신이 없습니다. 아무것도 안 하고 가만히 있는 어린아이를 상상할 수 있나요? 생명력, 탐구심, 집중력을 발휘하는 것이 원래 우리의 모습입니다. 그런 와중에도 왜 우리는 스스로를 게으르다고 채근하고 못살게 구는 걸까요? 자신의 단점을 알아내서 바꾸거나 자신을 더 발전시킬 필요가 없다는 말이 아닙니다. 그저 자신의 모습을 그대로 받아들이는 것이 더 중요하다는 말입니다. 분명히 좋지 않은 버릇이라고 해도 그것을 대범하게 받아들일 때 자신이 무엇을 했는지, 왜 그렇게 했는지를 알 수 있습니다. 그때 비로소 문제는 문제로, 단점은 단점으로 제대로 바라볼 수 있습니다. 있는 그대로 자신을 받아들이지 않으면 머릿속으로는 '이게 문제이고, 저게 문제지'라고 알더라도 그것들을 바꿀 용기나 방법이 떠오르지 않습니다. 바라보고 품어 줄 여유가 없으면 단점이나 문제는 피해 버려야 할 것이 되고 마는 것입니다.

우리는 인간이라는 한 존재이지 인간 행동 그 자체는 아닙니다. 즉, 나는 나이지 무슨 행동을 한 혹은 하고 있는 나는 아닙니다. 존재와 행동이 분리

된다는 사실을 알면 인간의 모습 자체가 기본적으로 최선이라는 것을 믿게 됩니다. 자신과 자신의 행동이 동일한 것이 아니라는 것을 받아들이면 행동의 결과에서 오는 많은 비난과 죄의식을 피할 수 있습니다. 자신의 존재 가치를 스스로 인정하고 존중하고 아끼는 사람들은 남들의 인정이나 평가에 목을 매지 않습니다.

:(
좋아하는 친구를 대하듯이 자신을 대하세요

너나 할 것 없이 우리는 남들이 자신을 좋아해 주기를 바랍니다. 자신이 인기 있는 사람이기를 바라는 욕구를 평생 품고 산다고 해도 과언이 아닙니다. 그러다 보니 남들에게 비판을 받거나 거절을 당하면 쉽게 마음을 다칩니다. 그렇다면 우리가 자기 자신을 대하는 모습은 어떨까요? 스스로를 좋아해 주고 제대로 평가해 주고 적절하게 대접해 주고 있을까요? 사랑한다는 것이 시간과 노력을 들이는 거라면 당신 자신에게는 얼마나 시간을 쓰고 있나요? 휴식 시간은 얼마나 주나요?

자신을 사랑하게 되면 일단 스스로에게 시간을 허용하게 됩니다. 아무 일도 하지 않아도 되고, 아무 곳에도 가지 않아도 좋은 시간을 따로 만들 수 있습니다. 고독한 것을 허용하고 고독할 수 있도록 시간을 내줍니다. 건강과 체력을 위해 시간과 돈을 쓸 수도 있습니다.

사랑이 귀 기울여 듣는 것임을 알고 있다면 스스로에게도 그렇게 하면 됩니다. 일단 자신의 감정과 욕구, 바람을 관찰하면서 자기의 이야기를 들어 보세요. 사랑하는 데 훈련이 필요한 것처럼 당신 스스로의 이야기를 듣고 사랑하는 데에도 기술과 훈련이 필요합니다. 이 훈련은 인생에 기쁨을 주고, 진실과 책임을 요구하기도 합니다. 나 자신을 사랑하게 되면 비로소 나는 현실에 살 수 있습니다. 현실 속에 살면서 진실을 말하고 행동에 책임을 지면서 자기 존중감을 높일 수 있는 것이지요. 다른 사람이 이런 태도를 갖고 있다면 아주 근사해 보이겠지요. 그 근사한 사람을 대하듯이, 가장 좋은 친구를 대하듯이 자신에게 이야기를 걸어 보세요. 당신의 모든 부분에 대해 완전한 지지를 보내세요.

:(
당신 안의 목소리, 톤을 바꾸세요

마음속으로 자신에게 말을 할 때, 무슨 말을 많이 하나요? 칭찬 등 긍정적인 목소리와 그 반대 목소리 비율이 얼마나 되나요? 특히 슬럼프에 빠져 있을 때는 어떤 목소리를 주로 듣게 되나요? '괜찮아. 넌 최선을 다했어. 기회는 또 있어. 걱정하지 마!' '정말 황당하군. 네가 하는 일이 다 그렇지 뭐.' 당신 안의 목소리는 어느 쪽인가요? 당신이 실수를 했을 때는 어떠했나요? 비웃듯이 말하지는 않았나요? 한발 더 나아가 '앞으로도 요 모양 요 꼴일 것'이라고 부정적인 미래를 장담하지는 않았나요?

이런 목소리의 특징은 밖으로부터 나를 향해 던지는 것 같다는 것입니다. 그 근원지가 나 자신임을 모르지 않는데도 그 소리가 내 안에서 시작되지 않는 것 같습니다. 이 내부의 목소리는 대개 '너'라는 말로 시작합니다. '넌 정말 바보야'처럼 말입니다. 내가 나 자신에게 말하고 있다면 '나는 바보야. 또 실수를 했어. 난 정말 이런 내가 싫어'라고 해야 할 텐데요.

심리학자들은 자기 내부의 목소리를 부모와 어린 시절에 나누었던 대화가 녹음된 것이라고 말합니다. 자기 안에 녹음되어 있어서 더 이상 부모가 뭐라 하지 않아도 자동 재생 된다는 것입니다. 자기 가치가 낮은 사람의 내면에는 비난의 목소리가 현저히 많아서 사소한 일에도 비난의 테이프가 돌아가고, 실수라도 하면 강도 높은 비난의 목소리가 재생됩니다. 이 녹음테이프는 우리가 원하는 대로 재생, 멈춤 버튼을 누를 수 없습니다. 이것은 습관적으로 작동되기 때문에 '자동적 사고'라고도 불립니다. 지금 이 순간에는 제발 그 소리가 들려오지 않았으면 할 때에도, 예외는 없습니다.

중요한 면접을 앞두고 대기하고 있는 사람이 있습니다. 이때 어딘가에서 크고 날카로운 소리가 들려옵니다. '너 같은 게 이런 일을 감당할 수 있다고? 머리가 어떻게 된 거 아냐? 게다가 넌 지금 긴장하고 있어. 면접관들은 네가 긴장하고 있다는 걸 금방 알아차릴걸!' 이런 목소리가 귓전을 때리는데 의연하게 면접을 치르기는 거의 불가능하겠지요.

어릴 때 받았던 비난의 소리들을 한 귀로 듣고 한 귀로 흘렸다면 얼마나 좋을까요? 또는 그런 모진 소리들의 이면에 자리한 의미 즉, '사실은 나를 너무 많이 사랑해서 하는 말'이라는 것만 녹음되었다면 얼마나 좋을까요? 하지만 불행하게도 인간은 자신을 사랑스럽지 않고 가치 없으며 나쁘다고 하는 목소리를 더 강력하게 경험합니다. 그것들은 어린아이를 불안하게 만들고, 불안감 속에서 아이들은 부모와의 연결고리를 더 강하게 붙들기 위해 온 에너지를 모읍니다. 그 과정에서 부모가 화를 내며 했던 말들을 강력하게 마음에 새깁니다. 게다가 일반화까지 이뤄지고요. 부모가 한 말을 세상 모든 사람들이 하는 말로 재녹음하고, 어떤 하나의 상황에서 들었던 소리를 모든 상황으로 확대해 가는 것입니다.

슬럼프에서 벗어나고 싶다면 자신의 내부 목소리에 귀 기울이는 법을 먼저 배워야 합니다. 비난하거나 부정하는 목소리가 들려오면 그 목소리의 기원을 생각해 보세요. '이런 소리를 처음 들었던 게 언제 어떤 상황에서였더라?' 내부 목소리를 직접 소리 내어 말해 보는 것도 도움이 될 수 있습니다. 큰 소리로, 가능하면 그 목소리의 원래 주인의 목소리를 흉내 내어 보세요. 막상 소리 내어 말하고 들으면 다른 느낌이 생길 수 있습니다.

그 다음에는 그 비판하는 목소리의 의도가 무엇인지를 물어 보세요. "나를 이렇게 몰아세우고 바보 취급을 하는 이유가 뭐야? 내가 괴로워하는 걸 보고 싶어서 그래? 아니면 나를 위해 뭔가 해 주려고 그러는 거야?" 어떤 대답이 들려오나요? "당신을 보호해 주고 싶어서 그래." "당신이 또 실수해서 바보가 될까 봐 그렇지." 아마도 처음부터 이런 긍정적인 대답을 듣기는 힘들 것입니다. 설령 듣는다고 하더라도 해도 믿기지 않을 것입니다. 오히려 이런 답변이 익숙하겠지요. "너를 벌주고 싶어서 그래." "너를 기분 나쁘게 하려고 그러지 뭐." 이렇게 들었다면 다시 물어 보세요. "내가 그렇게 되면 네가 좋은 게 뭔데? 대체 네가 진짜로 원하는 게 뭔데?"

목소리는 이렇게 답할 수 있습니다. "그러면 당신이 더 조심할 것 아냐. 다시는 실패하지 않으려고 노력할 거 아니냐고." 어쩌면 이것이 부모들이 어린 시절 우리에게 상처 되는 말을 하면서 가졌을 진심일 것입니다. 그렇다면 결국 내부 목소리는 '내가 잘되기를 바란다'는 것이겠죠. 내부 목소리는 나 자신과 같은 의도를 지닌 친구였던 것입니다. 친구라면 이렇게 말할 수 있을 것입니다. "그렇게 나를 비판하는 독한 말 말고 다른 말로 나를 격려해 줄 수는 없겠니?" 내부 목소리가 들리는데, 그것이 비난하는 사람의 자세를 취하고 있다면 내 쪽에서 먼저 우리는 친구 사이임을 일깨워 주세요. 좋은 의도로 말하는 건 알지만 그렇게 비난하는 목소리라면 오히려 내 능력을 발휘하기 힘드니 그렇게 하지 말아 달라고 말하는 것입니다. 유념해야 할 것은 내부 목소리는 오랫동안 비난하는 태도를 취했기 때문에 가만히 두면 자꾸 옛날 모습으로 돌아가려 합니다. 그래서 자주자주 같은 이야기를 반복해야만 친구로 남아 있을 수 있습니다.

상처로부터 자유로워지는 법

정신의 상처는 육체의 그것처럼 남의 눈에 띄거나 스스로 볼 수 있는 것은 아니지만 끊임없이 우리 앞에 그 모습을 드러냅니다. 그리고 늘 우리와 함께 삽니다. 우리가 일하고 사랑하고 다른 사람과 함께 생활하는 동안 늘 함께한다고 보면 맞습니다. 하지만 그 상처는 성장기에 우리를 고통스럽게 한 그 모습대로 나타나지는 않습니다. 그보다는 일상생활의 걸림돌로 나타납니다. 기가 죽거나 슬프거나 기분이 나빠지거나 모욕감을 느끼거나 질투심이 솟구칠 때 그 상처가 작동합니다.

시골에서 자란 재호 씨는 초등학교 4학년 때 자신이 키우던 개를 동네 어른들이 뒷산에서 잡아먹은 사건을 기억하고 있습니다. 평소에 재호 씨를 잘 따르던 개였는데, 개가 반항을 하며 도망치자 아버지는 재호 씨에게 유인하게 했습니다. "사내 녀석이 뭐 짐승 하나 가지고 그러냐!"라는 아버지의 말을 거역할 수 없었다고 합니다. 그는 개를 달래서 어른들에게 넘겼습니다. 그때 자신을 보던 개의 마지막 눈빛을 그는 평생 잊을 수 없다고 했습니다.

그때 그 장면은 재호 씨에게 엄청난 상처로 남았습니다. 그는 타인의 간절함이나 절박함이 느껴지는 상황에서는 적절한 판단 능력을 발휘하지 못했습니다. 그날의 악몽 같은 상처가 되살아나기 때문입니다. 이제는 다 큰 어른이고 전혀 다른 상황인데도 그는 '신뢰'나 '비겁' 또는 '남자답지 못하다' '소심하다'라는 말이 나오면 어김없이 뭔가 넘치거나 또는 아주 부족하게 일처리를 하고 맙니다. 섬세하고 부드러우며 감성적인 자신이 늘 부족하다고 느끼면서요. 그렇다고 강하고 무딘 남성적인 기질을 좋아하지도 않습니다. 오히려 가끔은 혐오스럽다고 생각합니다. 자신의 성격에 대해 확신도, 만족도 못하는 문제는 생활의 여러 영역에서 그를 의기소침하게 만들고 있었습니다.

상처는 돌고 돕니다

사실은 자신이 가진 상처 때문에 지금의 '이 환경'과 '이 사건' 그리고 '그 사람'이 문제되는 것입니다. 나를 슬럼프에 빠뜨리게 한 사람이나 사건이 있다면 곰곰이 생각해 보세요. 이 비슷한 느낌을 언제 경험했었나요? 그때 당신은 무엇을 했고, 주변의 사람들은 또 당신에게 어떻게 했나요? 어떤 일을 어떻게 기억하고 있나요?

지금 현재 힘이 들고, 누구 때문이고, 특정 일 때문인데 새삼스레 왜 과거를 되새김질하며, 과연 그럴 필요가 있는지 묻는 사람도 있을 것입니다. 혹은 과거의 상처를 기억하는 것은 무용지물이라고 주장할 수도 있고요. 과거가 오롯이 과거로만 있다면 그럴 필요가 없다는 데에 동의합니다. 하지만 과거의 상처가 현재까지도 반복되는 주제로 나타난다면 그것을 과거로만 치부할 수는 없습니다. 오히려 과거로만 치부하면서 제대로 돌아보지 않으면 더 강력한 힘을 지닌 상처가 되어 현재를 지배할 수 있습니다. 많은 사람들을 상담하는 동안 저는 스무 살을 넘어 겪은 단지 '그 사건' 하나만으로 고통스러워하는 사람을 본 적이 없습니다. 예를 들어 시험에 실패했다, 실연을 당했다, 지독한 상사를 만났다, 사춘기 아이가 속을 뒤집어 놓는다 등 사건 하나만으로 심각한 슬럼프에 빠지지는 않더군요.

자신 앞에 닥친 사건을 그 사건 하나로만 볼 수 있다면 대안을 찾는 데 주저하거나 두려워할 이유가 없습니다. 그런데도 우리가 감정의 동요 상태로 빠지고 마는 건 현재를 현재로만 보지 못하기 때문입니다. 상처는 마치 줄기를 당기면 쭉 따라 올라오는 고구마들처럼 줄줄이 얽혀서 모습을 드러내는데 어떻게 그것을 모른다 할 수 있을까요? 사건은 지금 현재에 벌어졌지만 그것은 이미 과거와 닿아 있는 것입니다.

상처가 인생에 미치는 영향력을 줄이는 방법은 하나밖에 없습니다. 그 상처가 내게 무엇인지를 분명하게 인식하고 제대로 이해하는 것. 이 과정이 당신의 상처를 정리하는 데 도움이 됩니다. 치명적인 상처에 대해 이야기하면 무의식적으로 많은 기억들이 드러납니다. 이런 기억들은 갖가지 이미지로 얽혀 있습니다. 분명한 한 장면으로 기억나지 않을 때에는 감정이나 소리, 심지어 미각이나 냄새 같은 것이 단서가 되기도 합니다. 그런 사소한 단서가 우리를 어떻게 과거로 데려갈 수 있을까요? 무엇인가를 말한다는 것은 우리의 감각 체계와 지식 체계에 표상된 경험을 해석하는 것입니다. 생각하는 모든 것은 인지하고 보고 듣고 만지고 맛보고 냄새를 맡은 감각 자료들로 구성됩니다. 따라서 생각은 우리의 감각과 시각, 청각 이미지를 건드려서 당시 주변 사람들에게 들은 이야기나 자신의 내적 대화들을 불러내야 합니다.

'내적 대화'는 어느 순간 자신도 모르게 자신 안에서 오고간 말들을 가리킵니다. 내 안의 내 목소리가 혼잣말이 아니라 나 자신을 대상으로 비난하거나 싸우거나 달래는 식의 의사소통입니다. 내적 대화가 상처의 재연에 매우 큰 역할을 하는데, 우리 자신과 세계에 관한 오래된 신념들로 구성되어 있기 때문입니다. 신념에는 내 생각뿐만 아니라 상처와 관련된 사람들과 부모, 주위 사람들의 말과 감정들도 포함됩니다. 사소한 이미지에 의해 과거 상처가 건드려졌을 때 가장 확연한 것 중의 하나가 '목소리'입니다. 상처와 관련된 사람들의 목소리가 마치 녹음기가 돌아가듯 귓전을 때릴 것입니다. 그 소리는 현재 상황을 현재 것으로만 보지 못하게끔 방해하며, 과거 상처 속 나약하고 위축된 역할을 재연하게 합니다. 그렇게 상처는 돌고 돕니다.

상처정리법 : 상상으로 뇌를 속이는 법

귓전에 흐르는 노래 한 소절이 10년 전 기억을 떠올리게 하듯이 우리는 과거를 재경험할 수 있습니다. 당시에는 다른 사람들의 생각 없는 행동 혹은 그들의 판단을 그대로 받아들였습니다. 그들은 크고 위대하고 힘이 세고 언제나 옳았기 때문입니다. 그들의 뜻과 맞지 않는 내 생각은 항상 모자라고 나빴습니다. 이제 성인이 된 우리는 그 각본에 대해 진지하게 재고해 봐야 합니다. 다음의 과정을 한 번 따라해 보세요.

1. 어떤 상황에 처하거나 어떤 생각 끝에 기분이 상하고 열등감이 올라오며 심장이 저릿저릿한 느낌이 든다면 잠깐 멈추세요. 그리고 그 느낌과 유사한 일이 내게 있었는지에 주목해 보세요. 주목하면 할수록, 자신의 내장 기관의 신호에 예민해지면 예민해질수록, 자신의 의식이 더욱 확대되는 경험을 할 수 있습니다.

2. 수치스러운 과거의 기억 하나를 골라 보세요. 눈을 감고 당신이 수치스러웠던 때로 돌아가도록 내버려 두세요. 가능한 상세하게 당시 장면을 떠올려 보세요. 표정을, 얼굴색을, 목소리를, 주변 사람들의 호기심 어린 눈빛을, 내 가슴의 울렁거림을, 도망치고 싶었던 공포감을, 가빠지는 호흡을, 온몸의 힘이 발밑으로 다 빠지는 것 같은 느낌을 최대한 세세하게 느껴 보세요.

3. 그때의 내게는 없었지만 지금의 내게는 있는, 그 일이 다시 닥친다면 더 잘 대처할 수 있는 방법이 있는지 생각해 보세요. 지금의 당신은 20년 전에 비해 힘이 세졌습니다. 이제 당신은 부모님이나 어른들의 눈치 따위에 주눅 들지 않습니다. 이제 당신은 당신의 생각을 분명하게 말할 수 있습니다.

4. 다시 눈을 감고 당시 당신을 괴롭게 만들었던 사람 앞에 서 있는 당신을 떠올려 보세요. 단, 옛날의 당신이 아니라 서른 살이 넘은 현재 어른의 모습으로 마주 서 있습니다. 당신은 단호하고 명료하고 정확하게, 말하고 싶은 것을 말합니다. 당신은 예전보다 더 크고 힘이 세고 강력합니다. 당신의 의지가 상대방의 의지보다 더 단호합니다. 상대방은 가만히 있을 뿐이며 어떤 행동 변화도 보이지 않습니다.

5. 입가에 미소가 번지고 턱이 느슨해지면서 보다 확신에 차 있는 당신을 상상해 보세요. 숨을 깊이 내쉬고 이완시키세요. 당신의 내적 경험이 다르게 느껴질 때까지 그 경험에 머무세요.

6. 예전 당신이 죽을 만큼 고통스러워하는 장면을 다시 한 번 떠올려 보세요. 그 산을, 그 들판을, 그 집을, 그 사람들을, 그 아이를 바라보세요. 그런데 갑자기 기구를 타고 하늘을 날듯이 날아오르면서 내려다보니 그 장면이 점점 작아집니다. 저 위에서 바라보니 어느 순간부터

아이도, 아버지도 모든 것들이 점점으로 찍힙니다. 까마득하게 먼 곳에서 보니 모든 것들은 다 똑같이 멀고 아득합니다. 상대방의 목소리도, 심하게 두근거리던 당신의 심장 소리도 더 이상 들리지 않습니다.

7. 힘이 있고 능력이 있는 지금의 당신이 있는 장면으로 돌아오세요. 그 장면을 더욱 확대시켜 천천히 느리게 돌리세요. 당신의 땀구멍도, 결연한 이마의 주름도, 숨소리도 선명하게 보이고 들립니다. 그 장면이 당신의 의식을 꽉 채울 때까지 느리게, 분명하게 바라보세요.

이 과정은 현재 당신이 지닌 자원을 단서 삼아, 그것을 과거로 가지고 돌아가서 기억을 변화시키는 과정입니다. 아울러 상처받았던 장면을 축소시키고, 성공적이었던 장면으로 대체시켜서 확대하는 과정이기도 합니다. 나쁜 기억의 단서는 그 자체가 강력한 에너지를 지녀 불러오기 쉽습니다. 어쩌면 늘 곁에 끼고 살면서 그것이 그것인지 모르고 살았다는 말이 더 적절합니다. 반면에 좋은 자원의 단서를 빨리 불러내는 데는 많은 시간과 연습이 필요합니다.

상상을 통해 상처를 정리하는 방법은 우리 뇌의 특징을 이용한 것입니다. 우리 뇌는 상세하고 생생하게 상상하면 실제 경험과 상상 경험을 구분하지 못합니다. 이 일이 진짜 겪은 일인지, 아니면 상상한 것인지를 구별하지 못하는 것입니다. 상상으로 성적 흥분을 경험하거나 편집증적인 사람이 환상만으로 위험을 느끼는 것도 같은 이치입니다. 정상적인 사람도 미래에 대한 걱정이나 한 번도 일어나지 않은 뭔가를 상상하는 것만으로 심각한 스트레스와 불안을 경험하기도 합니다. 이런 것들이 다 상상을 통해 우리 경험을 재프로그래밍시키는 방식의 예입니다.

자신의 현재 자원을 활용하여 상처가 된 경험으로 다시 돌아가면 훨씬 달라진 경험을 하게 됩니다. 고개가 숙여지고 숨이 가빠지고 얼굴이 빨개지던 것이 이제는 고개를 들고 숨도 편안해지며 느긋해집니다. 이렇게 상상에 의한 재경험을 통해 우리는 자신이 달라졌음을 알게 됩니다. 유사한 일이 현실에서 생겨도 이유도 모른 채 상처를 반복하는 일이 없어질 것입니다.

이기주의자?
자신을 회복하는 자기주장!

상담 치료를 받으러 오는 사람들은 거의 다 '착한' 사람들입니다. 여기서 '착함'이란 대강 이런 것들입니다. '누구와 무엇을 하든 일단 남부터 챙기고 본다.' '남의 기분이 좋은지 나쁜지, 어떤 생각을 하고 있는지, 심지어는 속마음이 어떤지까지도 일일이 살핀다.' '남이 싫어하거나 부담스러워할 것 같은 일은 애초에 고려하지도 않는다.' '거절이란 건 사전에 없다.' '남이 힘들어 하는 장면을 참지 못한다.' 이런 사람들의 생각과 행동에서 착한 점을 나열하자면 밤을 새도 모자랄 지경입니다. 한편 착한 사람들을 조금 다른 각도에서 살펴보면 이렇습니다. '남부터 챙기느라 금전적, 시간적으로 손해가 많다.' '남의 기분을 살피느라 자기 마음을 헤아릴 틈이 없다.' '남에게 부담이 될까 봐 부탁 같은 건 엄두도 내지 못한다.' '남의 일을 대신해 주느라 내 몸이 골병드는 건 상관하지 않는다.'

저는 이런 사람들에게 감히 '이기주의자'가 될 것을 요구하고 싶습니다.

모든 인간에게는 이기적인 면이 있습니다. '이기주의자'라는 말에 거부감과 죄책감을 느낀다면, 그 이면에는 이기주의자란 곧 남의 이익을 침범하거나 해를 입히는 사람이라는 공통된 생각이 있기 때문입니다. 하지만 이것은 큰 오해입니다. 이기주의는 자신의 행복과 소망을 최대한 성취하고 자아실현을 위한 책임을 다른 누구에게 떠넘기지 않고 스스로 진다는 뜻입니다. 이것은 곧, 자신에게 전념하면서 스스로 옳다고 보는 것을 실천하는 태도입니다. 이기주의는 남의 이익을 침범하는 것이 아니라 내 이익을 소중히 지키는 것입니다.

:(
당신의 욕구대로 살아도 피해 볼 사람은 없습니다

'그 말이 그 말 아니냐'고 반문하는 사람이 있다면 이렇게 묻고 싶습니다. "살면서 당신의 이익을 추구하다 보니까 남에게 피해를 끼치는 일이 실제로 그렇게 자주 일어났나요?" 내 이익과 상대방의 이익이 상충하리라고 보는 것은 근거 없는 신념입니다. 물론 세상에는 남에게 피해나 고통을 주면서도 아무런 죄책감이 없는 사람들이 있기는 합니다. 하지만 당신을 포함해서 주변의 사람들을 둘러보면 자신이 원하는 대로 한다고 해서 상처입거나 피해를 볼 사람은 거의 없습니다. 그들도 자신의 욕구에 따라 충실하게 행동하고 있기 때문입니다.

오히려 걱정은 '이기적'으로 살지 못하는 사람들에게 있습니다. 남의 것을 챙기는 건 잘하는데 정작 자신에 대해서는 그렇게 게으를 수가 없습니다. 실제로 이들이 잘 사용하는 말이 '귀찮게 뭘…'입니다. 또는 '시간이 없다'거나 '피곤하다'도 자주 등장하는 말입니다. 그래서 견딜 수 있는 데까지 견디다가 감당할 수 없게 되면 책임을 전가해 버리기도 합니다. 예를 들어, 몸이 아픈 사람이 있다고 합시다. 그는 오랫동안 건강을 돌보지 않던 사람입니다. 그동안 그는 자신의 몸이 보낸 무수한 '돌봄의 신호'에 게으름을 피웠습니다. 그래서 더 이상은 '귀찮다'라는 말로 어찌할 수 없을 때 의사를 찾았습니다. 이때 의사가 간암 판정을 한다고 해서 그 병을 의사가 만들어 줬다고 우길 수는 없지요. 해결책을 의사가 줄 수 있는 것도 아니고요.

:(
타인을 위해 자신을 속이지 마세요

이기적이지 못한 사람들이 실패하는 대표적인 영역은 '자기감정 돌봄'입니다. 즉, 자신의 실제 감정과 소통하지 못합니다. 그래서 이들이 보이는 감정들의 대부분은 가식적입니다. 보통 '가식'은 나쁜 의미에서 남들을 속이는 데 사용되는 말이지요. 하지만 이 경우에는 자기 자신을 속이는 가식입니다. 그리고 그 시작은 틀림없이 다른 사람과의 관계를 원활하게 하기 위한 습관이었을 것입니다. 그런데 그것이 끊임없이 갈등에 빠지게 하고 관계에도 지장을 줍니다. 보편적인 정서에 순응하거나 타인의 마음에 들기 위해 감정을 꾸미기도 합니다.

때로는 동정심으로, 때로는 배려하는 마음에, 때로는 남의 관심을 끌기 위해 속마음과 반대로 나타내기도 합니다. 이렇게 한동안 지내다 보면 본인도 그것이 실제 감정인 줄 착각합니다. 아예 느끼지 못하는 감정들도 많습니다.

이렇게 지나치게 이기적이지 않은 사람들, 소위 착한 사람들은 시간이 지나면서 본인의 의도와 무관하게 인간관계에서 많은 문제와 부딪치게 됩니다. 왜일까요? 원활한 관계를 위해 자기감정까지 속였는데요. 그 이유는 자신의 욕구와 감정을 무시한 채 유지되는 관계를 오랫동안 만족스러워할 만큼 둔한 상대방은 많지 않기 때문입니다. 당신 주변에 이런 사람이 있다고 생각해 보세요. 당신은 그 사람에게 뭔가를 부탁하기 어려울 겁니다. 그는 늘 거절하지 않는 사람이라는 것을 알고 있기 때문이죠. 무엇을 물어 보기도 어려울 겁니다. 그는 늘 당신의 기분에 맞춰서 대답하기 때문입니다. 배려를 받아서 좋다는 느낌보다는 뭔가 불편한 감정이 더 크게 올라옵니다. 물론 착한 그 사람의 고통도 더했지 더했지 덜하지 않습니다. 지속적으로 자신을 부정하면서 마음이 편할 사람은 없을 테니까요. 아마도 얼마 가지 않아서 '내가 어떻게 대해줬는데…. 어떻게 나한테 이럴 수 있지?' 하고 생각할 겁니다.

한쪽이 심하게 기우는 관계에는 좋은 결말을 기대할 수 없습니다. 자기 문제를 해결하지 못하는 사람에게 남의 문제를 해결해 줄 것을 기대하기는 어렵고요. 마찬가지로 자신에게는 잘하지 못하면서 남에게만 잘한다고 하면 그것 역시 좋다고 할 수 없습니다. 그러니 부디 '이기주의자'가 되는 것을 두려워하지 마세요.

:(
자기 사랑과 자기 가치를 바탕으로, 자기주장

이기주의자로 살지 못하는 사람들 중에는 자신의 욕구나 감정을 인지하지 못하는 경우도 많습니다. 그래도 알기는 알지만 차마 자기 소리를 내지 못하는 이들이 사실 더 많긴 하지요. 어떤 상황이나 관계 속에서 '억울하다. 이건 공정하지 않다. 지금 불편하다' 같은 기분이 든다면 그때가 바로 진짜 자기가 어떤 표현을 하고 싶다는 신호를 보내는 때입니다. 자기를 잘 돌보지 않는 사람들은 이때 '참아야지'를 고르고요.

자기주장은 자기 사랑과 자기 가치에 바탕을 둡니다. 예를 들어, 한 아이가 자신의 생각이나 감정을 자유롭게 표현할 수 있다면 부모가 자신을 사랑하고 있다는 믿음이 있기 때문입니다. 자기와의 관계에서도 마찬가지입니다. 자기 자신이 중요한 존재라고 여기고, 자신의 감정과 의견이 충분히 가치 있다고 믿을 때 그것을 말할 수 있고 표현할 수 있습니다.

자기주장은 공격성과는 다릅니다. 공격성은 다른 사람을 수치스럽게 만들어 자신이 승리하려는 마음입니다. 하지만 '자기주장'을 갖는 훈련은 자기를 회복하는 과정입니다. 남의 기색을 살피느라 능력과 에너지를 쓴 과거의 자기를 깨뜨리는 훈련입니다. 그래서 일단 '아니오'라고 말하고 싶은 자기를 알아주고, 그 다음에는 어떻게 '아니오'라고 할지 연구해야 합니다.

예를 들어 무조건 자기 생각만 강요하는 부장이 있다고 합시다. 상사는 으레 그런 거라며 애써 넘기고 항상 자신을 달래겠지요. 동시에 그때마다 불만이 차오르고 가슴이 답답하고 화가 날 것입니다. 그렇다고 해서 딱히 어떤 말로 대응해야 할지도 모르겠습니다. '무슨 말을 해도 소용없어. 부장은 자기 뜻대로만 하려 들 거야. 난 제대로 된 반론도 하지 못하고 얼굴만 벌게지겠지. 그러면 말을 꺼내지 않은 것만 못하게 돼. 그래, 그러니까 그냥 참자, 참아.'

대강 이런 시나리오로 자기주장을 막고 있습니다. 자기 안에는 자기가 원하는 것을 그대로 말하는 부분인 A, 상대방의 반론과 비판에 흔들리는 부분인 B, 상대방의 반론에 다시 반론을 펴며 처음 주제에서 벗어나 감정적으로 치우쳐 상처입고 허둥대는 부분인 C가 있습니다. 사실 C는 B의 결과일뿐이지 처음부터 있었던 것은 아니지요. 주장의 전개가 A에서 B로, 다시 C로 연결되면 두 사람은 감정적으로 어긋나고, 이때 세력이 약한 사람의 손해로 끝날 것은 뻔합니다. 처음 A를 보였을 때 단번에 "그래요? 그러면 그렇게 하지요."라고 할 부장이 아니라는 것은 당사자도 이미 알고 있었겠지요. 그렇다면, 이런 세상에서 새삼스럽게 자기주장을 훈련하는 과정도 필요 없을까요?

주장 훈련에서 중요한 부분은 B, 상대방의 반론과 비판에 흔들리는 자신을 토닥이는 일입니다. A를 제시하면서 마음이 벌써 B를 준비하고 있을 때 '부장님이 반론하는 건 당연하잖아. 이미 예상한 일이잖아. 긴장하거나 흔들릴 필요 없어' 하고 시도해 보는 것입니다. 사실 B가 일어나는 이유는 내가 A를 보였으니 상대방은 당연히 내 의견에 동조해야 한다는 신념이 건드려지기 때문입니다. 자기주장은 말 그대로 '자기의 주장'인 것이지 '상대방을 굴복시키는 것'은 아닙니다. '상대가 내 의견에 따르면 좋은 일이지만 그렇지 않더라도 난 내 생각을 말하고 싶다'가 전부인 것입니다.

'그렇다면 결과는 똑같은데 뭐 하러 말을 꺼내? 사람 꼴만 우스워지게'라는 생각이 드나요? 자기 안의 것이 남들 앞에 우습게 보일 게 두려워 입을 다문다면 당신은 저 안에 있는 진짜 자기를 더할 수 없이 비참하게 만들고 있는 것입니다. 그것은 스스로를 우습게 취급하는 자기 비하입니다. B와 C를 잘 다스리게 되면 당신은 이렇게 말할 수 있습니다. "부장님의 의견도 일리가 있습니다. 하지만 전 이런저런 이면이 있다는 것을 말씀드리고 싶었습니다." 부장이 필요 이상으로 흥분하기 시작한다면 잠시 이야기를 뒤로 미루고 다른 안건을 먼저 처리할 수 있습니다. B나 C를 내보이지 않는 것은 당신의 선택입니다. 며칠 후 이 안건을 처리할 때 부장은 생각을 바꿨을 수도 있고, 그렇지 않더라도 당신을 소신 있는 부하 직원으로 재평가할 수도 있습니다. 사실 부장의 평가보다 더 가치 있는 것은 스스로를 속이지 않았다는 것이고, 자기 생각과 감정을 인정해 주었다는 것입니다.

당신이야말로 자신을 도울 수 있는 가장 힘 있고 영향력 있는 사람입니다. 이것만 제대로 깨달아도 자신의 것을 찾게 되고, 요구하게 되고, 욕구를 실현하면서 성장할 수 있습니다. 심리학자 버지니아 사티어는 말했습니다. '우리는 자신을 기적과 가치의 근원으로 볼 필요가 있다.'

나를 지키는 법

심리학자들은 자기 위로를 하나의 능력으로 봅니다. 슬럼프에서 벗어나는 힘을 개인에게서 찾을 때 자기 위로 능력은 아주 중요합니다. 자기 위로 능력이 있는 사람은 정서적인 고통을 느끼는 상황에서도 감정적, 심리적으로 차분하고 편안한 상태를 유지할 수 있습니다. 보통 자기 위로 능력은 자신이 지닌 것들을 적극적으로 사용해 불안감이나 우울증을 줄일 수 있는 능력을 가리킵니다. 흥미로운 것은 오로지 자기 내부의 자원들만을 가지고 어떻게 해 보는 것이 아니라는 데 있습니다. 물론 스스로 감정을 달래는 법을 알아서 자기에게 무엇을 해 줄 수 있는 것도 큰 능력입니다. 하지만 그것만으로는 조금 부족합니다. 남이 해 주는 위로를 잘 받을 수 있는 태도도 그만큼 중요하기 때문입니다.

자기 위로 능력은 크게 네 가지로 구분할 수 있습니다. 첫 번째로 '신체적으로 위로하기'가 있습니다. 이것은 기분이 안 좋을 때 스스로 혹은 타인과의 신체적인 접촉으로 위안을 받는 것입니다. 두 번째는 '스스로 위로하기'로, 기분이 나쁠 때 스스로 자신을 달래고 위로하는 능력을 말합니다. 세 번째는 '자기 노출'입니다. 기분이 나쁜 일에 대해서 타인에게 드러내고 이야기함으로써 위로받고 그 상황을 극복하는 것입니다. 네 번째는 '회복력'으로, 기분 나쁜 일을 얼마나 빨리 극복하고 회복해내는가를 말합니다.

1단계_ 따뜻하게 안아주기

어린아이가 놀랐거나 무서워할 때 그 두려움을 가장 빠르게 가라앉힐 수 있는 것은 엄마의 품속입니다. 그것은 어떤 말로도, 어떤 도구로도 대신할 수 없습니다. 달콤한 초콜릿도 숨넘어갈 듯한 고통이 어느 정도 가라앉은 다음에나 위로가 되는 법이지요.

최근에 누군가를 안아준 적이 있나요? 배우자를 언제 안아 주었나요? 어머니나 아버지를 따뜻하게 안아준 적은요? 가족이나 친구들과 포옹하는 것은 서양에서나 하는 것이라고 생각하는 건 아닌가요? 주변에 당신을 안아 줄, 당신의 등이나 어깨를 두드려 줄, 손이라도 잡아줄 누군가 있다면 당신은 상당한 자기 위로 능력을 가진 셈입니다. 지금까지 없었다면, 아니 생각조차 안 하고 살았다면 이제부터라도 해 보세요. 우선 가까운 가족에게 다가가 안아달라고 해 보세요. 잠자리는 가져도 따뜻하게 안아 본 기억은 가물거린다는 부부를 만날 때가 있습니다. 안타까운 일입니다. 안아주기에는 아이가 너무나 자라 버렸다면 아이에게 먼저 안아달라고 해 보세요.

스스로 하는 신체적인 위로도 가치가 있습니다. 따뜻한 욕조 물에 몸을 담그고 팔과 다리를 가능한 한 오므리고 가슴을 접어 보세요. 마치 엄마의 자궁 속에 떠 있는 태아처럼 말입니다. 아마도 이제껏 경험하지 못한 편안함이 느껴질 것입니다. 또는 벽과 벽이 만나는 모서리 벽에 무릎을 양팔로 안은 다음 벽에 바짝 밀착하여 머리를 대어 보세요. 이 또한 안정감을 줄 수 있습니다. 이것은 자신의 몸 여러 부분이 가깝게 놓이면서 서로가 서로를 위로하는 이치입니다.

2단계_ 마음의 소리에 귀 기울이기

당신이 슬럼프에 빠졌다는 것을 제일 먼저 알아채는 사람은 누구일까요? 십중팔구 당신 자신입니다. 슬럼프에 빠지면 기운이 없고 잡생각이 많아지며 만사가 귀찮아지기 때문이지요. 어떤 사람들은 너무 늦게 알아차려서 스스로를 위로하고 도울 수 있는 시기를 놓치기도 합니다. 사소한 건강의 적신호를 눈치 채지 못해 큰 병을 키우는 것과 같습니다. 이런 사람들이 내부 단서에 둔감한 이유는 관심의 대부분이 외부 즉, 다른 사람을 향해 있기 때문입니다.

또 다른 이유로 절대 요건, 의무 사항, 필수 사항처럼 세상에 대한 생각이 경직되어 있다는 것을 들 수 있습니다. 여기에는 자신의 감정도 포함됩니다. 자신의 실제 상태를 알아차리기 전에 '지금 내 상황은 이런저런 상태야'라고 미리 규정해 버리는 것입니다. 그러면 자신이 빠진 함정이 슬럼프인지, 며칠짜리인지, 몇 년짜리인지 파악할 수 없습니다. 슬럼프에 빠진 정도에 따라 목욕 한 번으로 좋아지기도 하고, 핸드폰을 끄고 일상에서 떠나야 할 때도 있습니다. 맡은 일의 과중을 따져서 책임을 덜어 주는 게 좋을 수도 있습니다. 지금 하는 일이 미래의 계획이나 소망과 어떤 관련이 있는지를 사색할 필요가 있는 슬럼프도 있고요. 이 모든 것들은 자신에게 관심을 주어야 비로소 뭘 어떻게 해 볼 수 있는 것들이지요.

자기를 위로하지 않는 사람들은 항상 지나치게 바쁩니다. 늘 할 일이 많아서 어젯밤에도 몇 시간밖에 못 잤으며, 얼마나 일했고, 또 오늘은 얼마나 바쁜지 셈하기 좋아합니다. 지나치게 바쁜 것은 자신을 돌보지 않는 좋은 변명거리가 됩니다. 실제로도 너무 바쁘다고 믿기 때문에 자신을 위해 낼 시간이 없습니다. 한 예로, 자신이 몸담은 조직에 자기가 없으면 안 될 것처럼 구는 사람들이 있습니다. 연차를 내서 쉬고 싶지만 그러면 회사가 안 돌아간다는 말을 늘 합니다. 그런 사람들에게 어쩌면 그것은 자기를 꼭 필요한 사람으로 알아주었으면 하고 바라는 것이 아닌지 묻고 싶습니다. 이런 사람에게 '당신 내면의 소리를 들어 보세요. 감정의 변화를 인식해 보세요'라는 말은 의미가 없습니다. 이들은 자신을 위해 시간을 내는 것 자체를 불안해하기 때문입니다.

스스로 자신을 위로할 수 있게 되면 내면에 자신을 좋은 쪽으로 이끄는 힘이 존재한다는 것을 믿게 됩니다. 때로는 그것이 다른 사람의 생각과 충돌하는 경우도 있지만 '나는 내 본심을 알고 있으며 내 지혜를 믿는다'며 당당할 수 있습니다. 자신의 내면에 좋은 일이나 나쁜 일이 닥쳤을 때 제일 먼저 깨닫는 것은 감정입니다. 매일의 생활에서 감정이 보내는 마음의 신호에 귀 기울이면 자신이 현재 균형을 유지하고 있는지 알 수 있습니다.

3단계_ 자신을 보여 주기

아무리 기분 나쁜 일이 생겨도 겉으로는 괜찮은 척하는 사람들이 많습니다. 이들은 '다른 사람을 괴롭히고 싶지 않아서'라거나 '얘기한다고 달라질 게 없어서'라는 이유로 합리화를 합니다. 하지만 실제 그들이 하는 걱정은 이와는 다른 것입니다. '아무도 내 문제를 진심으로 이해하지 못할 것이다.' '내 약점을 이야기하면 결국에는 그것으로 공격받게 될 것이다.'라고 생각합니다. 이런 사람들 중 어떤 이는 아버지가 암 판정을 받았는데도 "좀 아프셔서…."라고 말합니다. 어머니가 큰돈을 사기당했는데도 "집에 좀 일이 있어. 엄마가 돈을 좀 떼였어."라고 말합니다. 물론 아무나 붙들고 "내가 이렇게 힘들어요. 가슴이 무너질 것 같아요."라고 말하라는 건 아닙니다. 이들의 문제는 아주 가까운 사람들에게도 이런 태도를 보인다는 것입니다. 그러면서도 세상이 야속하고 아무도 자신을 이해해 주지 않는다면서 혼자라는 느낌에 빠져듭니다.

문제를 하나하나 따져 보면, 그들은 자기 상황을 제대로 드러낸 적이 없습니다. 그냥 조금 편찮으시다는 친구 아버지 이야기를 기억해 친구에게 전화했을 때 부모님 안부를 물어봐 주는 이들은 별로 없습니다. 그런데도 이들은 다른 사람과의 관계에 대해 회의를 품고 더욱더 자기 노출을 하지 않으려 한합니다. 이는 자기 스스로 다른 사람에게 위로받을 수 있는 자원을 차단한 것입니다.

'자기 노출을 한다'는 것은 사실 자기 자신을 알아주는 또 다른 방식입니다. 남에게 이야기를 함으로써 그 사람이 해결책을 줄 거라는 기대보다는 자신이 얼마나 고통스러운지를 스스로 알게 되는 것입니다. 자기 노출이 자기 위로가 되는 또 다른 이유는 그렇게 하는 동안 느리게 반응하게 되기 때문입니다. '느리게 반응한다'는 것은 일이 벌어진 시점과 반응을 보이는 시점 사이를 의도적으로 떼어 놓습니다. 어떤 불상사에 대한 최초 감정과 실제 행동 사이에 일종의 공간을 만듭니다.

우리의 즉각적인 반응들(특히 좋지 않은 감정 상태에서)을 돌이켜 보면 대부분 후회를 불러옵니다. 애인의 변심을 안 순간은 숨을 쉴 수 없을 만큼 강렬한 혼란에 휩싸이지만 일단 믿을 만한 누군가에게 털어놓다 보면 숨을 쉴 수 있는 시간적인 간격을 벌 수 있습니다. 그토록 강렬하던 분노와 공포도 빠르게 누그러집니다. 하지만 '그 말을 들은 사람이 나중에 나를 배신하고 비밀을 떠벌리고 다니면 어떡하나' 하는 걱정이 따라오기 마련입니다.

당신의 삶에서 참으로 심각했던 어떤 일이 일 년이 지난 후에도 여전히 엄청난 사건으로 남아 있는 경우가 있는지 떠올려 보세요. 반대로 친구의 비밀이 내게도 너무 큰일이어서 비밀을 지켜야 하나 말아야 하나를 끊임없이 고민하게 되는 일이 흔한 경우인가요? 세상에는 끝까지 비밀로 가져가야 할 사건이 그리 많지 않습니다. 남들 역시 자신의 일이 아닐 경우, 당신에게 진솔한 위로를 준 그 시기가 지나면 당신의 일을 오랫동안 기억하지 않습니다.

4단계_ 마음의 힘을 풀기

동일한 사건을 겪고도 어떤 사람은 잠도 잘 자고 밥도 먹고 그런대로 잘 살아가는데 그렇지 못하는 사람도 있습니다. '힘들다'는 말을 며칠 만에 훌훌 털어내는 사람이 있는가 하면 몇 달 내내 말하는 사람도 있습니다.

슬럼프에서 빠져나오기 어려운 사람들은 자신의 슬럼프를 잘 인정하지 못하는 사람들입니다. 그들은 자신은 잘해야만 하고, 다른 사람들은 자신을 잘 대접해 주어야 하며, 자신은 어떤 어려움도 겪어서는 안 된다는 완벽성의 삼박자를 갖추고 있습니다. 그러다 보니 자신에게 벌어지는 실수나 실패, 거기서 비롯된 슬럼프를 인정할 수 없습니다. 자신이 겪고는 있으되 자신의 것이 아닌 것이지요. 인정하지 않는 상태에서 원인을 찾고 해결책을 도모하기는 힘든 법입니다.

그들이 지닌 또 하나의 특징은 과도한 통제력을 발휘한다는 것입니다. 자신을 잘 통제하는 것을 자랑으로 여기며 (겉으로는 그렇게 보이지만 내면은 언제나 걱정으로 가득 차 있습니다) 모든 것을 판단하고 분석하려고 합니다. 내 것이건 남의 것이건 모든 문제에 대해 해결 방법을 찾으면서 전전긍긍합니다. 문제들 중에는 당장 해결책이 없는 문제도 있고 끝끝내 원하는 방향으로 해결할 수 없는 문제도 있다는 것을 잘 받아들이지 못합니다. 과도한 통제력은 사실상 자신을 믿지 못하는 태도에서 비롯됩니다. '조금만 더 내버려 두면 좋은 생각이 떠오를 거야.' '잘될거야. 내겐 그런 힘이 있어.' 등 긍정적인 생각을 하지 못합니다. 그래서 사소한 문제 앞에서도 두려움에 떨고 불안해하며 끊임없이 걱정하고 스트레스에 시달립니다. 당면한 문제를 합리적으로 분석하는 것이 좋지 않다는 뜻은 아닙니다. 하지만 어쩔 수 없이 시간의 흐름에 맡겨야 하는 문제도 있습니다. 자연스럽게 흐름에 맡기다 보면 답이 보이기도 하고, 어느 순간은 독창적인 아이디어가 찾아오기도 합니다.

궁극적으로 우리는 삶을 통제할 수 없습니다. 인간이 통제력을 발휘할 수 있는 것은 순간이지 삶의 결과가 아닙니다. 통제하려 들면 들수록, 주의를 쏟으면 쏟을수록 더 통제하지 못한다는 느낌이 드는 것은 당연합니다. 통제하지 못한다고 느끼면 통제 욕구에 더 매이게 되면서 실제 일의 능률이나 시간의 효율성, 순간에 집중할 수 있는 능력은 떨어집니다.

이런저런 방법을 다 동원해 최선을 다했는데도 슬럼프에서 헤어나지 못하고 있다면 그냥 한 번 놓아주세요. 꽉 쥔 주먹에서 힘을 풀듯 그냥 그렇게 놓아줄 수 있다면 바로 거기에 회복의 열쇠가 있을지 모릅니다.

현재로
돌아오기

'지금 현재'에
몰입하세요

　　우리는 지금까지 해왔거나 현재 하는 일보다 훨씬 중요한 무엇인가가 있을 것이라고 생각하며 삽니다. 현재에 만족하지 못하고 지금의 모습과 다르게 되고 싶은 것입니다. 그러다 보니 차분하게 현재의 자신을 돌아보지 못하고 그것을 즐기거나 기뻐하지도 못합니다. 이런 사람들은 늘 '뭔가 새로운 것을 시작해야 할 텐데…. 이렇게 가만히 있다가는 뒤처지고 말 텐데…'라고 생각합니다. 미래의 계획을 세우는 것보다 열 배쯤 더 중요한 것은 '내가 지금 내 현재를 최대한 이용하고 있는가' 하는 것입니다. 자기 자신에게 가는 길을 찾지 못하는 사람일수록 '쉬면 안 된다.' '현재에 만족하는 것은 곧 퇴보다'라는 생각에 자주 빠집니다. 그런데 어쩌면 정지하지 못하기 때문에 발전하지 못하고 있을 수도 있습니다.

　　우리가 현재에 집중하지 못하는 가장 큰 원인은 수시로 침범하는 잡념 때문입니다. 지금 당장의 일에 도움되지 않는다는 차원에서 잡념이라고 치부하지만 엄연히 따지고 보면 그것 역시 우리의 생각이고 마음입니다. 그런데 지금 당장 불필요하다는 이유로 무조건 억누르고 치우고 지워 버리는 것이지요. 어떤 일을 도모하려는데 상대방이 내 의견을 억누르고 무조건 자기 식대로 추진하려고 든다면 기분이 어떨까요? 아마도 무시당하고 배신당했다는 느낌이 들어 그를 돕거나 한편이 되고 싶지 않을 겁니다. 당신 내면의 잡념(다른 생각)도 마찬가지입니다. 마음속에서 어떤 갈등이 생겨나고 생각이 복잡해져서 집중이 잘 안 되는 데는 그만한 이유가 있습니다. 일을 하는데 주말을 어떻게 보낼까 하는 생각이 자꾸 침범한다면 지금 당신은 쉬고 싶은 것입니다.

자신을 엄격하게 훈련시키는 것이 개인의 발전을 위한 강력한 수단이라는 데는 동의합니다. 하지만 그렇다고 자신을 무작정 억누르고 무시해서는 안 됩니다. 억제하는 데는 많은 에너지가 필요한데다가 억제된 부분은 나중에 더 큰 저항이 되어 돌아옵니다. 억누르는 대신 갈등을 일으키는 생각을 이해하려고 하고 주의를 기울이면 오히려 그것을 다루기가 쉬워집니다. 차라리 잠시 손을 놓고(그래봤자 긴 시간은 아닙니다) 주말에 쉬고 있는 당신을 상상해 보세요. 당신의 갈등은 한결 가벼워질 것입니다. 또 자신에게 주말을 어떻게 보낼지 약속할 수도 있습니다. 말하자면 자신과 타협하는 것입니다. 아마도 무조건 억눌러 버리는 것보다는 훨씬 나은 결과를 가져올 것입니다. 무엇보다 자신과 좋은 관계를 유지하는 것이 현재에 집중하는 가장 확실한 방법이라는 걸 명심하세요.

:(
현재에 충실하기 힘든 이유, 습관

현재에 충실하기 어려운 이유는 습관 때문입니다. 습관을 바꾸려면 훈련해야 합니다. 이런 훈련은 몸에 근육을 만드는 것과 같습니다. 하루아침에 되는 것이 아니라는 말입니다. 복근을 새기기 위해 피나는 노력을 하는 연예인들을 본 적 있을 것입니다. 결심만으로 혹은 순간적인 충격 요법을 써서 되는 것이 아니지요. 날마다 일정 시간을 헬스장에서 운동해야 하고 먹는 것도 계획표대로 먹어야 합니다. 근육을 만들기 위해 헬스장에 갔다면 무엇부터 하는지 생각해 보세요. 몸무게, 키, 체지방 등을 '측정'합니다. 이 측정은 몇 개월 후에 근육을 어느 정도 만들지 계획하는 단서가 됩니다. 이를 바탕으로 트레이너는 매일 무엇을 어느 정도 할지를 정합니다. 당연히 쉬운 단계에서 높은 단계로 진행할 것입니다. 그 다음에는 꾸준히 해야 한다는 것을 누차 강조하겠지요.

습관을 바꾸는 것도 이와 다르지 않습니다. 자신의 일하는 습관과 무엇에 방해를 받는지, 갑자기 사로잡히게 되는 잡념의 내용은 무엇인지, 과거에 잘 집중했을 때와 지금은 무엇이 다른지 살펴보는 것부터 시작합니다. 일의 우선순위를 정할 때 급한 일과 덜 급한 일로 정할 수 있을 겁니다. 하지만 하기 싫어도 해야 할 일을 먼저 배치하는 것도 한 방법입니다. '싫은 일에 내 시간을 먼저 써도 괜찮아. 내게는 하고 싶은 일을 할 수 있는 시간들이 아직도 많이 있어. 내 삶은 안전하니까.' 이와는 달리 하기 싫은 일을 어떻게든 뒤로 미루면서 버티는 사람을 조금 심각하게 표현하면 자기 인생과 시간에 안전감이 없는 사람인 셈입니다. 이런 상태에 있는 사람은 기분 좋을 일이나 달콤한 열매를 얻을 일부터 하지 않으면 엄청난 손해를 볼 것 같은 기분에 휩싸입니다. 뭔가 더 나은 시간들은 없을 것 같은 불안한 상태입니다. 그래서 하기 싫은 일에 자신과 시간을 먼저 투입하는 게 쉽지 않습니다.

:(
몰입하지 못하는 사람들 유형

삶을 살아가면서 우리가 몰입하지 못하는 것은 무엇 때문일까요? 우선 마음속에서 들려오는 방해꾼의 소리가 있습니다. 그것은 마음에 산적해 있는 걱정거리나 불안, 두려움 따위가 내는 소리입니다. 이런 경우에는 왜 집중이 안 되는가를 고민하기보다는 지금 내 마음에 오락가락하는 것이 무엇인지 살펴보는 것이 우선입니다. 이런 잡음들을 내치지 못하면 새로운 정보가 들어와도 받아들이기 힘들기 때문입니다.

　주의가 산만한 것도 몰입하지 못하는 이유가 됩니다. 주의가 산만한 사람들은 모든 상황을 지나치게 과장하고 확대 해석해 잡다한 자극에 쉽게 방해를 받습니다. 많은 생각에 파묻혀 할 일과 하지 말아야 할 일을 구별하지 못하고 왔다 갔다 합니다. 이것은 호기심이 강한 것과는 전혀 다릅니다.

호기심은 창의성을 기반으로 하기 때문에 추후 결과물이 나옵니다. 하지만 산만한 사람은 어느 것 하나 제대로 해내지 못합니다. 하루 종일 뭔가 매달려 있기는 한데 끝내는 것은 없습니다.

이런 사람들은 세상의 모든 일들이 바로 코앞에서 펼쳐진다고 느낍니다. 크고 작은 일들이 다 엇비슷하게 신경 쓰여서 한 번에 하나의 일에 집중하지 못합니다. 이들은 일의 우선순위를 정하는 게 급선무입니다. 각각의 일을 아주 작은 목표 단위로 나누면 좋습니다. 시간, 관심사 등 다소 우습다고 느껴질 정도로 작은 단위로 쪼개어 우선순위를 정해 실행하면 뭔가 계획대로 진행된다는 느낌이 들 것입니다.

삶에 몰입하지 못하는 또 다른 그룹의 사람들은 자신이 한 번에 여러 가지 일을 할 수 있다고 생각하는 사람들입니다. 아는 것도 많고 에너지도 많은 자신은 한 번에 한 가지밖에 신경 쓰지 못하는 사람들과는 다르다고 여깁니다. 벌여 놓은 일이 많다는 것과 몰입하지 못한다는 것은 엄연히 다릅니다. 큰 회사의 대표여서 많은 아이디어를 내고 여러 가지를 지시해야 하는 입장이라 해도, 한 가지 일에 대해 아이디어를 짜고 지시를 내리는 '그 순간'에는 몰입해야 합니다. 이후 그 일을 점검해야 하는 순간에는 또 오직 그 일에만 몰입해야 합니다. 이것들이 잘되지 않으면서 신경 쓸 일의 가짓수가 늘어나면 일은 더 이상 기쁨으로 다가오지 않습니다.

심리학자 펄스는 매순간 자신에게 가장 중요한 욕구나 감정에 집중해 그것을 해결할 수 있는지 여부를 기준으로 그 사람이 건강한가 그렇지 않은가를 구분했습니다. 살아 있는 사람은 매순간 하거나 하지 않거나, 싫거나 좋거나 등의 욕구와 감정을 경험합니다. 한 가지를 분명하게 해소시킨 후에 다른 것에 주목하여 잘 해소하는 과정을 경험할 때 정신적으로 건강하다고 봅니다. 이때 만약 이 일과 저 일의 처리가 뒤섞이고, 한 욕구와 다른 감정이 뒤섞여서 뭐가 뭔지를 강하게 지각하지 못한다고 가정해 봅시다. 이런 사람들은 자신이 진정 무엇을 하고 싶은지 잘 모르기 때문에 어디에 에너지를 쏟을지 결정하지 못합니다. 늘 뭔가에 관여되어 있기는 한데 그것을 꼭 지금 해야 하는지 분명하지 않고, 하나의 욕구가 해소되어도 그 미진함이 남아서 다른 장면에까지 영향을 미칩니다. 이런 상황을 심리적으로 건강하다고 할 수 없습니다.

:(
몰입의 진가를 경험할 기회는 당신에게도 있습니다

몰입을 통해 우리는 삶의 기쁨을 얻을 수 있고 일의 질도 높일 수 있습니다. 일이야 '일인가? 아닌가?' 혹은 '해야만 하는가? 안 해도 되는가?'의 차원만 있지 일에서 재미를 찾다니 지나치게 순수한 거 아니냐고 물을 사람이 있을지 모르겠네요. 일이란 모름지기 고통스러운 것이어서 노력을 들일 수밖에 없다는 선입견을 가진 사람들이 의외로 많지요. 이들은 일이 재미있다는 사람을 만나면 어딘가 좀 이상한 사람으로 취급하기도 하고요.

한 내담자는 고액 연봉에 사회적 지위까지 높았습니다. 그런 그는 로또가 당첨되면 다 그만두고 필리핀에 가서 편하게 살겠다는 말을 입버릇처럼 하곤 했습니다. 이 말을 할 때 그의 표정은 참으로 천진하고 편안해 보였습니다. 어느 날 그에게 직장과 일이 대체 무엇을 의미하는지 천천히 살펴보았습니다. 무엇 때문에, 얼마나, 왜 자신의 일을 싫어하는가를 말입니다. 결론은 의외로 "일이 그렇게 싫은 것이 아니네!"로 밝혀졌습니다. 스트레스를 받을 때도 있지만 일을 하고 나면 뿌듯하다고 하더군요. 이 말을 할 때 그의 얼굴에는 로또 당첨을 말할 때와 마찬가지로 진지한 흥미로움이 떠올랐습니다.

우리는 주어진 과제를 만족스럽게 해내면 기쁨도 그만큼 커진다는 것에 전적으로 공감합니다. 하지만 실제 자신의 일에 대해서는 다른 기준을 제시합니다. '일은 돈 때문에 어쩔 수 없이 하는 것'이라고 합니다. 이런 생각 대신 맡은 일에서 큰 즐거움을 얻을 수 있도록 당신의 모든 관심, 정신력, 상상력, 지식을 총동원해 보세요. 그러면 자연스럽게 즐거움이 생길 것입니다. 당신이 지금 주말을 즐기기 위해 주중에 일하고, 휴가를 즐기기 위해 나머지 일 년을 일하며 산다면 심각하게 의문을 제기해 보기를 권합니다.

몰입의 진가는 일에만 나타나는 것이 아닙니다. 사람과의 관계에서는 더욱 큰 가치를 발휘합니다. 상대방의 말에 귀 기울이며 함께 있는 순간에 몰입한다는 것의 의미를 생각해 보세요. '정신을 딴 데 두지 않고 차분하게 긴장을 풀고 앉아 상대의 이야기에 몰입하여 잘 듣는다.' 이 쉬운 표현은 가끔 하나의 기적을 일으키기도 합니다. 우선 지금까지 당신이 한 번이라도 그렇게 해 본 적이 있는지 되돌아보세요. 이 상태에 도달하기 위해 저와 같은 심리 상담가들은 긴 시간을 수련합니다. 치료 장면을 녹화해서 본다면 내담자는 많은 말을 하고 심리 상담가는 가만히 있는 것으로 보일 것입니다. 물론 상담 내용에 따라 그 반대되는 장면이 있기도 하지만, 대부분 볼 수 있는 가만히 있는 것으로 보이는 이 상황이 바로 심리 상담가가 내담자의 언행 하나하나에 몰입하고 있는 순간입니다. 내담자는 이런 심리 상담가의 몰입 속에서 자신을 알아갑니다.

이 정도까지는 아니라고 해도 아내와의 관계, 자식과의 관계, 동료와의 관계에서 당장 한 번 실천해 볼 것을 권하고 싶네요. 자신의 생각을 비우고, 다음에 대꾸할 말을 준비하지 않고, 방어하기 위해 꼬투리를 잡지 않고 그저 흐르는 물을 관망하듯 말이 어디서 어디로 가는지 (듣는다기보다) 보세요. 그 물에 자신을 맡기고 오로지 상대방이 어떤 생각과 어떤 감정인지를 (알려고 한다기 보다는) 느끼면 됩니다. '상대방의 이야기가 끝나자마자 내 의견을 말해야 하는데, 그렇게 넋 놓고 앉아 있으면 어쩌라고요?'라고 묻는 사람이 있을지 모르겠네요. 어떻게 되는지는 그렇게 한 번 해 보고 나서 얘기해 봅시다.

실천, 몰입, 열정의 연결고리

다재다능한 사람이 분명한데도 뚜렷한 성과를 거두지 못하는 사람들이 있습니다. 그들은 아는 것도 많고 관여하는 일이나 관심 분야도 다양해서 어떤 주제라도 거리낌 없이 대화에 낄 수 있을 정도입니다. 아이디어도, 능력도 상당한데 성공이라고 내세울 만한 게 없는 것이 이상할 정도입니다. 사실 그런 사람들의 문제는 정열과 관심을 집중시킬 수 없다는 데 있습니다.

이런 사람들은 한 분야의 일을 시도해 보지만 잠깐일 뿐입니다. 더 흥미로운 일을 찾아 나서기 때문입니다. 잠깐의 노력으로 대단한 성과를 거둘 수 있는 일은 세상에 없습니다. 아이디어가 떠올랐다고 해도 꾸준한 열의를 가지고 그 일에 매달리지 않는 한 결과로 만들어지지는 않습니다. 머릿속으로만 궁리하고 입으로만 이것저것 일을 벌이다가는 금세 김이 빠지고 의욕도 없어지고요. 그렇게 또다시 원점으로 가 버리는 사람, 우리는 이런 사람들을 '열정이 부족한 사람'이라고 합니다.

실천이 열정을 만듭니다

인간은 누구나 완벽한 몰입을 추구합니다. 열정이 깨어 있을 때에는 완벽하게 살아 있다는 느낌이 듭니다. 그래서 게임인 걸 뻔히 알면서도 시즌마다 야구 경기에 열광하는 팬들이 있고, 뻔한 구성과 결말인 줄 알면서도 연속극을 봐야만 하는 사람들이 있습니다. 모두 포장만 다를 뿐 열정을 추구하고 있다는 것은 같습니다. 열정에 대한 목마름을 해결하기 위해 운동선수나 연예인 혹은 감정을 휘저을 수 있는 일에 돈을 지불하기도 합니다.

문제는 일상에서 충분한 열정을 경험할 수 없다는 데 있습니다. 배우자와 보내는 시간보다도 연예인의 모습에 더 강한 정서를 느끼고, 자신의 현재나 미래보다는 연예인의 사생활에 더 많은 관심을 보입니다. 자신의 삶은 이미 다 찍어 놓은 비디오를 돌리는 것처럼 대하고, 정작 열정은 픽션의 세계에서 충성을 다합니다.

혹시 당신은 세상에는 열정을 느낄 수 있는 삶과 그렇지 않은 삶이 따로 있다고 생각하는 것은 아닌가요? 또 열정을 느낄 수 있느냐 없느냐의 차이는 지금 어떤 일을 하고 있느냐에 달려 있다고 믿는 것은 아닌가요? 그렇게 생각한다면 당신은 직업이나 주변 사람을 바꾸거나 또는 능력 자체가 바뀌기 전에는 열정을 찾을 방법이 없습니다. 하지만 사실 열정은 그것이 무엇이든 간에, 어떤 일과 어떤 사람에게서든 찾을 수 있습니다. 실행과 실천을 행할 수 있다면 말입니다.

어떻게 실천이 열정을 낳을 수 있을까요? 어떤 일에 자신을 투입하면 일단 잡생각에서 자유로워집니다. 그것이 바로 해방입니다. 이렇게 오로지 하나만 남고 다른 것들이 내 의식에서 사라지게 되면 더 큰 흥분과 에너지가 넘쳐나게 됩니다. 어떤 일에 관여하지 않으면서 열정을 경험해 본 적이 있나요? 아마도 없을 것입니다. 관심을 두지 않았던 정치적 이슈에 대해 토론해야 할 때, 발을 빼고 싶은 프로젝트를 수행해야 할 때, 귀찮다는 생각으로 집안일을 해야 할 때 열정이 없는 것은 너무나 당연합니다. 성문제 치료자들은 기질적 문제가 없는 부부의 성문제를 다룰 때 집중의 수준을 이야기합니다. 침대에서 다음날 아침에 있을 기획회의를 생각하면서, 결제하지 못한 카드 대금을 걱정하면서 좋은 성관계에 도달할 수는 없습니다.

'된다, 안 된다'를 말하기 전에 그 일을 수행하는 데 정신을 모을 때 열정의 가능성이 열립니다. '해 보는 것' 자체가 잠긴 문을 여는 열쇠입니다. 따라서 열정을 회복하거나 획득하는 데는 준비나 연습이 필요하지 않습니다. 당장 열정을 느낄 수 있을 만한 일 하나를 정하면 됩니다. 일이 아니라 인간관계나 정서적 영역이나 종교적 영역이어도 상관없습니다. 단 하루라도 깊이 관여해 보세요. 그 대상을 당신의 애인으로 정했다고 상상해 봅시다. 그렇다면 말과 행동을 통해 당신이 얼마나 그 사람에게 충실하게 관여하고 있는지를 표현하세요. 애인의 장점에 모든 초점을 맞추고, 그 사람을 얼마나 사랑하는지에 온 신경을 집중하세요. 너무나 오래되어 자극적이지 않은 애인이라 해도, 그 사람과 나의 관계에 집중하면 열정은 모습을 드러냅니다. 열정을 느껴야겠다는 대상을 일로 정했다면 100%, 일 자체에 몰입해 보세요. 쉽지 않다는 걸 잘 압니다. 그래도 천천히 숨을 고르고 깊이 내쉬면서 단지 그 일만 생각해 보세요. 잡념이 침입할 때마다 의도적으로 끊어 버리면서 계속해서 일만 생각하면 실행할 수 있습니다.

열정의 적을 하나 꼽으라면 단연 '무관심'입니다. 일의 특성, 당신의 능력, 애인의 매력이 문제가 아니라 오로지 무관심만이 방해꾼입니다. 무관심은 어떤 사람이나 사물로부터 당신을 떨어뜨려 놓는 놀라운 재주가 있습니다. 무관심과 함께라면 생명의 힘과 사랑의 힘, 내적인 힘 같은 것을 당신 것으로 만들 수 없습니다. 한편 무관심이 마치 산뜻한 것, 독립적인 것, 매달리지 않는 근사함 같은 것으로 묘사되는 경향이 있습니다. 무관심의 실상은 의외로 연약하기 짝이 없습니다. 무관심은 다른 사람들에게 잘 보이기 위한, 일종의 고안된 태도입니다. 자신의 내부에 큰 힘이 있다는 듯이, 어떤 일도 자신에게는 별일 아니란 듯이 보이기 위한 책략인 것이지요.

자신이 원하는
행동을 이끄는 소망을 찾으세요

 내가 나를 위해 계획했던 일이 성공했다면 그건 외부 사정이나 다른 이의 덕분이 아니라 내가 성취해서임을 스스로 압니다. 그러니 남들의 인정을 받기 위해 애쓸 필요가 없습니다. 반대로 비록 계획했던 일이 성공하지 못했다고 해도 스스로 최선을 다했음을 알고 있으니 다른 사람이나 환경 탓을 하지 않습니다. 그 책임 역시 자신에게 있음을 잘 알기 때문입니다. 그래서 목표는 자신이 가진 소망의 한 부분이어야 합니다. 자신에게 중요한 무언가 때문에 목표가 필요합니다. 소망은 자기에게 강요해야 할 것도 아니고 억지로 관심을 가져야 할 것도 아닙니다. 소망은 나를 이루는 모든 것이 하나의 전체가 되게 하고 그 안에서 조화로운 구성 요소로서 역할을 다하며 나를 행복하게 해줄 수 있는 것입니다. 따라서 소망은 전체이고, 나 자신이며, 사명입니다.

 우리는 자신에게 삶의 방향을 제시해 줄 '무엇' 혹은 '누군가'를 항상 찾아다닙니다. 나아갈 방향을 직접 찾을 수 있을 거라는 생각은 잘 하지 못합니다. 하루하루를 간신히 버티면서 살아가는 별 볼일 없는 나에게 무슨 목표가 있고 방향이 있고 사명이 있겠냐고 생각합니다. 그러면서 어떤 사람이 왼쪽이라고 하면 다 왼쪽을 향하고 오른쪽이라고 하면 그 방향을 향해 갑니다. 많은 사람들과 운명을 같이 하면 감당하기 더 수월할 거라고 여기기 때문입니다. 그런데 왼쪽이 진짜라고 알면서 한참 가고 있었는데, 나중에 더 잘나 보이는 사람이 나타나 오른쪽이라고 한다면 얼마나 기가 막힐까요. 혹은 절반은 왼쪽으로 나머지 절반은 오른쪽으로 쏠리는 상황이 연출된다면 얼마나 우왕좌왕할까요. 이런 식으로 남에게 끌려 다니면서는 결코 자신이 원하는 삶을 살 수가 없습니다. 늘 '남들은 내가 한 일에 대해 뭐라고 할 것인가?'가 가장 중요한 주제가 되기 때문입니다.

이런 사람들에게 현재 속한 조직이나 단체, 회사를 위해 무엇을 하면 좋은지 물으면 쉽게 대답합니다. 하지만 막상 자신의 행복과 자유, 자기계발을 위해서 생각해 볼 때는 아주 소극적으로 대합니다. 때로는 회사의 목표 달성이나 가족의 행복을 위해 열심히 일하는 것이 곧 자신의 계획이나 사명이라고 합리화하기도 합니다.

사명이 될 만한 목표를 정하지 못한 사람들이 갖는 단 하나의 가치가 있긴 합니다. 바로 '쉬는 것'입니다. '1억만 모으면 나는 회사를 관둘 거야.' '로또가 당첨되면 나는 하와이로 날아갈 거야.' 이런 목표는 당신의 일상이 오직 도망치고 싶을 만큼 고통스럽고 형편없다는 것을 강조할 뿐입니다. 돈 자체를 목표로 삼는 사람들은 가치 있는 사명을 찾지 못합니다. 죽음을 앞둔 사람이 돈을 많이 벌지 못했다고 슬퍼하는 경우는 거의 없지요. 대개는 돈이나 권력, 지위, 명예보다는 더 근본적인 것을 아쉬워합니다. 돈은 그 자체로 목표가 될 수 없습니다. 더 중요한 무엇을 성취하기 위한 수단일 뿐입니다. 구태의연한 말이지만 진실은 늘 그렇습니다.

어떤 사람은 먹고 사는 문제에 대한 걱정이 없는 사람들이나 소망이니 사명 같은 사치를 부릴 수 있다고 말하기도 합니다. 하지만 정말로 먹고 사는 문제로 걱정하는 사람들은 앞서 설명한 동기의 첫 단계에서, 그 수준의 동기를 달성하기 위해 최선을 다합니다. 슬럼프라느니, 무기력하다느니, 현실이 불만족스럽다느니 할 여유가 없습니다. 또 어떤 사람들은 사회적인 성공을 위해서라면 결혼 생활이나 아이들과의 관계 또는 자신의 건강도 희생할 수 있다고 합니다. 정말로 그렇다면 희생이란 단어도 여기에 어울리지 않습니다. 그것들이 중요하기는 한데 '부장까지 승진하고 나서 하겠다'는 식으로 생각하고 있다면 문제이지요.

당신이 지금 추구하는 목표를 떠올려 보세요. 그리고 미래로 가서 그 목표가 달성된 상황을 상상해 보세요. 그중 가장 중요하다고 생각하는 것을 고르세요. 그 미래의 그림이 바로 당신이 가진 가치이고 소망입니다. 그것이 누구에게는 배움일 수 있고, 누구에게는 즐거움일 수 있으며, 자유로움이나 봉사, 사랑이 될 수도 있습니다.

:(
당신이 닮고 싶은 사람은 누구인가요?

당신의 내면에 숨은 가치를 찾는 몇 가지 방법이 있습니다. 우선 가치가 침범 당했을 때 그것을 깨달을 수 있습니다. 뭔가 불편하거나 화나거나 부적절하다고 느껴지는 일이 있다면 그 경험 속에 침해당한 가치가 있습니다. 예를 들어, 누군가가 버릇없이 굴 때 화가 난다면 당신은 '존중' 가치가 높은 사람입니다. 또 유난히 어떤 사람과는 일하기 싫은데 곰곰이 생각해 보니 그 이유가 내 자율성이 발휘되기 어려워서라면 당신은 '자율성'을 중시하는 사람입니다.

당신을 만족시켜 주는 사건을 통해서도 당신이 중요하게 여기는 가치를 알 수 있습니다. 당신이 가장 감격스러울 때는 언제인가요? 뭔가 배우고 있을 때나 누군가를 극진히 돌봐주고 있을 때 살아 있다는 느낌을 받는다면 그것들이 바로 당신이 중시하는 가치입니다.

또 누구처럼 되고 싶은지 생각해 보는 것도 방법입니다. 당신이 부러워하는 사람은 누구인가요? 존경하는 사람은요? 닮고 싶거나 흉내 내고 싶은 사람은요? 그 누군가가 꼭 유명 인사가 아니어도 됩니다. 주변 사람이 부럽다면 그가 추구하는 가치가 당신에게도 중요하다고 볼 수 있습니다.

:(
실패 회피형 vs 성공 추구형

기적이 일어난다면 무엇을 하고 싶은가요? 시간과 돈에 얽매이지 않아도 된다면 무엇을 하고 싶은가요? 절대 실패할 가능성이 없다면 무엇을 하고 싶은가요? 스스로에게 한 번 물어 보세요. 한 10분간 떠오르는 생각을 모두 적어 보세요. 생각을 하겠다고 잠시 멈추거나 결과를 추측하지 말고 떠오르는 대로 적어야 합니다. 우리가 꿈을 꾸는 데는 어떤 조건이라든가 누구의 허락이 필요하지 않습니다. 꿈은 말 그대로 꿈이니까요.

우리가 일반적으로 소망을 의식하고 난 뒤에 반드시 통과하는 단계가 있습니다. 내 소망이 무엇인지 알았으니 이제 최선을 다해 살아 보겠다고 마음먹으면 한쪽에서 뭔가 스멀스멀 올라오지요. 바로 '그럴 가능성이 없으니 예전대로 사는 게 낫다'라는 목소리입니다. 어쩌면 우리가 소망 없이 살아가는 이유는 소망을 찾지 못해서가 아니라 이 단계를 넘지 못해서일지 모릅니다. 이 단계는 너무나 자동적이고 자연스러워서 그것이 자포자기라는 걸 미처 눈치 채지 못합니다. 그러면서 스스로를 달랩니다. '나는 이미 오래전에 행복에 대한 모든 꿈을 접었어. 인생이란 게 다 그렇지 뭐.'

늘 그럴듯한 변명이나 보상이 필요한 삶이 있습니다. 그들은 주위 사람들을 통해 실제 소망의 성취는 아니어도 썩 괜찮은 무엇인가를 하고 있다는 찬사를 받기 위해 몸부림을 칩니다. 그러다 보니 남들에게 끌려 다니는 삶 혹은 타인의 평가에 의존하는 삶을 삽니다. 하지만 그것이 '가짜'라는 것도 알고 있어서 이미 생긴 불안감을 잠재우지 못합니다.

어떤 행동을 하도록 만드는 힘을 총체적으로 '동기'라고 합니다. 동기를 전체 행동의 시발점이자 원인이라 할 수 있는 것이지요. 반대로 무엇을 피하도록 하거나 하지 않도록 하는 것 역시 동기입니다. 가령 아침에 알람이 시끄럽게 울리고 있다고 가정해 봅시다. 순간적으로 꺼 버리고 다시 침대 깊숙이 기어들어가는 사이에 머릿속에 여러 생각이 스칠 수 있습니다. 어떤 이는 상사의 화난 모습과 비난, 그 뒤에 따라붙을 불편들을 떠올립니다. 다른 이는 출근 전 운동하러 헬스장에 가면 만날 반가운 사람들의 모습을 떠올립니다. 전자는 무엇을 피하기 위해, 후자는 무엇을 얻기 위해 일어나는 것입니다. 밖으로 드러나는 모습은 같아도 동기는 전혀 다르지요. 친구를 사귈 때에도 자기를 귀찮게 하지 않을 사람을 고르고, 직장도 더 이상 견딜 수 없을 때에야 비로소 옮길 궁리를 하는 사람이 있습니다. 이 모든 것들은 자기가 원하지 않는 것을 피하기 위해 움직이는 경우입니다. 반면에 헬스장에 갈 생각에 벌떡 일어나는 사람이라면 다를 것입니다. 친구를 사귈 때도 자신에게 자극을 주는 사람을 고르며, 회사도 더 큰 기회를 얻기 위해 옮깁니다. 이 모든 것들은 자기가 원하는 것을 향해 움직이는 경우입니다.

심리학자들은 전자를 '실패 회피형 동기'라 부르고 후자를 '성공 추구형 동기'라고 부릅니다. 어느 쪽이 더 낫다고 말하기는 어렵습니다. 젊은 날의 사업 실패를 교훈삼아 무리한 투자를 지양하면서 돌다리도 두들겨 보고 건너는 식으로 투자하는 사업가가 있다면 전형적인 실패 회피형일 것입니다. 그 동기는 충분히 이해받을 만합니다. 하지만 매사 지나치게 실패 회피형이라면 그 사람은 인생에서 얻을 수 있는 것이 한정되어 있을 것입니다. 설령 그렇게 산다 해도 평생 어떤 실패도 겪지 않으리라는 보장은 없습니다. 이런 사람들은 흔히 동기를 얻기 전에 이미 많은 걱정과 고통을 경험하기 때문에 스트레스와 불안 수준이 높습니다. 그것들은 정신 건강에 영향을 끼쳐 실제 일의 수행을 망치고 맙니다. 만일 고통 속에서 일을 완수해내는 것을 자랑처럼 여기고 있다면, 우리의 몸과 정신이 어떤 관계에 있는지를 이해하지 못하고 있는 것입니다. 그렇게 일해서 우리에게 남는 것은 각종 질병밖에 없습니다.

이런 사람들은 스트레스가 심해지기 전에 자신이 무엇을 회피하려 하는지 파악해야 합니다. 그러고는 구체적으로 자신이 원하는 것을 파악해 그것을 추구하는 쪽으로 나아가야 합니다. 실패 회피형 동기를 가지고 고민이나 불편, 고통 따위에서 벗어나는 데만 신경을 쓰다 보면 과연 어디서 멈춰야 할지를 모릅니다. 줄곧 자신이 있었던 자리에서만 빙빙 돌 뿐 어디로 가야 할지를 알지 못합니다.

실패 회피형 동기를 먼저 고려해도 좋습니다. 단, 부정적인 결과를 고려해서 최소한의 안전 대책을 세웠다면 그 뒤에는 반드시 성공 추구형 동기를 떠올리세요. 즉, '이 일을 해내면 무엇을 얻게 될까'를 고려하라는 말입니다.

나이가 지긋한 어른들께 젊은 시절에 대해 물으면 대부분은 시도하지 못한 것들을 후회하시곤 합니다. "그때 걱정을 좀 더 많이 할 걸 그랬어."

"그때 좀 더 조심할 걸 그랬어." 이렇게 말하는 노인은 거의 없습니다. 그리고 당신이 경험했던 도전과 모험에 대해 이야기할 때는 아주 신이 나십니다. 소망 찾기의 해법이 바로 여기에 있습니다.

:(
이미 달성된 작은 소망을 즐기세요

인생을 윤택하게 살기 위한 동기를 위계적으로 나타내어 보겠습니다. 그 첫 단계는 일단 충분한 먹을거리와 입을 것, 몸을 뉘일 곳을 찾는 것부터 시작합니다. 이러한 생리적 욕구가 만족되면 다음은 안전한 곳에서 생명을 위협당하지 않을 궁리를 하고, 그것도 해결되면 이제 주변 사람들과 친하게 지내면서 사랑받고 인정받고 싶은 동기가 작동합니다. 이보다 높은 단계의 동기는 아름다움을 추구하는 것, 자신만의 개성을 발전시키는 것, 자아를 찾고 계발하려는 것들입니다.

　그렇게 보면 '소망'은 동기의 단계 중 최고 수준에서나 넘볼 수 있는 (비범한 사람들이나 고려할 만한) 주제인 것만 같습니다. 하지만 자아실현의 단계에 다다라야만 소망을 즐길 수 있는 것은 아닙니다. 어떤 한 단계를 충족시키려고 소망을 품고, 그것이 달성되었다면 그것을 유지하는 데는 많은 노력이 들지 않습니다. 그때부터는 노력의 강도를 줄이고 그것을 즐길 수도 있습니다. 그러면 소망 갖기를 잘했다고 생각할 것이며, 그것을 달성해

낸 자신을 자랑스러워할 것입니다.

하지만 우리는 이런 성공에서 얻은 이익을 즐기기도 전에 바로 다음 단계로 나갈 궁리부터 합니다. 그렇지 않으면 게으른 사람이라고 여깁니다. 예를 들어 '소속감과 사랑의 추구' 동기를 지닌 사람이라면 위급할 때 자신을 도와줄 몇몇 친구를 만드는 것을 소망으로 삼고 이를 달성하기 위해 애쓸 것입니다. 그런데 막상 그런 친구들을 만들면 그 목표를 달성했다는 걸 즐기기는커녕 더 많은 시간과 돈을 들여서 좀 더 체면을 세워줄 인맥을 만드는 데 고심합니다. 심지어는 그 체면을 위한 인맥을 관리하기 위해 이 단계의 욕구를 채워 준 친구들과 연락을 끊는 일조차 생깁니다. '이만하면 됐다'는 없고 더 노력해서 큰 성공을 거둬야 한다고 생각합니다. 그러지 않으면 처음 단계나 둘째 단계의 성공까지도 없어질지 모른다고 생각합니다. '조금만 더'라는 가치에 지배당하는 사람에게 소망은 도달할 수 없는 공허함일 수밖에 없습니다.

소망 찾는 법

소망이나 사명이라는 단어가 낯선 이유는 자기 안에서가 아닌 남들에 의해 만들어진 가치가 의미 있다고 여기는 마음 때문입니다. 남들의 기준을 따르는 게 편하다면 자신의 소망이나 사명은 별 의미가 없습니다. 하지만 남의 가치와 나의 가치가 늘 일치할 수는 없습니다. 자신의 가치와 남의 가치가 다를 때 '그건 아니야. 내 것이 옳아. 그렇게 해서는 안 돼'라고 말하지 못하는 것은 앞서 말한 '가짜 자기'가 발동하기 때문입니다.

사실 모든 사람에게는 자신의 삶을 변화시킬 수 있는 힘이 있습니다. 그 힘을 펼치지 못하는 것은 '진짜 자기'가 약해서입니다. 진짜 자기가 약한 이유는 현재 상태를 유지하는 데 급급해서 자꾸 가짜 자기에 의지하기 때문입니다. 조금이라도 실패할 확률이 보이면 상처받을지 모른다는 두려움 때문에 모험을 피합니다. 또 성공하지 못하면 무엇을 잃을지에 관심을 두니 성공이 보장되지 않는 한 아무것도 하지 않습니다. 처음에는 대단한 관심을 보이던 일도 실패의 징후가 보이면 어떻게든 빠져나갈 방법을 찾습니다. 그러다 보니 이런저런 아이디어 사이를 오갈 뿐 구체적인 계획에 도달하지 못합니다. 결국에는 장애물에만 신경을 쓰는데, 장애물이 그 일을 그만두라는 신호라고 믿어 버립니다. 그래서 모두가 성공할 것이라고 보장하는 일에만 관여하려고 합니다.

하지만 인생살이에 확실한 보장은 있을 수 없습니다. 자신을 보호하겠다고 시작한 일은 결국 자신을 더욱 약하게 만드는 결과를 낳습니다. 이 악순환에서 빠져나올 수 있는 방법은 하나입니다. (결과나 이익과는 그다지 상관이 없더라도) 기분이 좋아지는 상황을 만들어 보는 것입니다. 남들의 인정이나 보상을 기대하지 말고 시간과 열정, 재능을 일단 쏟아 보는 것입니다. 자신의 소망을 찾아가는 데 다음 과정이 도움이 될 것입니다.

1단계_ 자신이 정말로 원하는 것이 무엇인지 파악한다

남들에게 잘난 척하기 위한 것이나 비위를 맞추기 위한 것은 소망도, 목표도, 뭣도 아닙니다. 세상에는 자신이 원하는 바를 알고 그것을 이뤄내는 사람이 있는가 하면 자신이 원하는 바를 알지 못하거나 알고 싶어 하지도 않는 사람이 있습니다. 또 다른 사람에게 자신이 얼마나 확실한 목표를 세우고 그것을 이루며 사는지를 보여 주려고 움직이기는 하지만 진실로 자기가 원하는 바는 모르는 사람, 그리고 소망이나 사명이라는 단어 앞에 서면 이유 없이 두려움에 떠는 사람도 있습니다. 하지만 정말로 소망이 없거나 이루어지지 않기를 바라는 사람은 없을 것입니다.

자신이 원하는 것을 파악하기 위해서는 우선 '내가 그것을 진정으로 원하는가, 아니면 단지 남들의 마음에 들고 싶거나 내 능력에 미치지 못하는 어떤 것의 대용으로 그것을 원하는가'에 대해 답변할 수 있어야 합니다.

2단계_ 자신이 할 수 있는 것이 무엇인지 파악한다

자기 능력을 지나치게 과소평가하고 있는 사람들이 있는가 하면, 반대로 과대평가하고 있는 사람도 있습니다. 아마도 슬럼프를 힘들어 하는 사람들은 대부분 전자일 것입니다. 이런 사람들의 행동 기준은 늘 '평균'입니다. 그들은 '보통'을 추구할 뿐 자신의 실제 성취 능력을 계발하려 하지 않습니다. 혹목표가 있더라도 남들의 인정을 얼마나 받는지에 국한되어 있습니다.

위험 앞에서 또다시 자기 합리화를 하지 않기 위해서는 '어떤 방해물이 있어도 난 하고야 말겠어'라는 다짐이 필요합니다. 특히 모든 의심을 밀어내겠다는 결심이 가장 중요합니다.

3단계_ 상상력을 발휘한다

지금까지 살아온 모습으로만 자신을 평가하고 그것이 전부라고 단정한다면 사명이나 소망을 찾기는 힘듭니다. 늘 그런 정도의 자신 외에 무엇이 더 있겠나요. 늘 하던 대로만 한다면 인생이 달라질 리 없습니다. 소망이 이뤄진 뒤의 상황들을 구상 안에 넣을 때에야 비로소 소망은 이루어질 수 있습니다.

모든 소망의 한계는 바로 자기 자신입니다. 오늘 나의 모습과 능력이 내 소망의 한계입니다. 그렇다고 보랏빛 미래를 꿈꾸는 것만으로 소망을 이룰 수 있다는 말은 아닙니다. 내 능력과 현실의 한계는 여전히 한계로 남아 있는 것이 맞습니다. 다만 지금 자신의 능력과 현실을 가장 정확하게 파악할 수 있다면 그것을 최대한 이용할 수 있습니다.

실제 자신의 능력이 모자라거나 현실이 절망적이어서 소망을 이루지 못하는 것은 아닙니다. 그 소망은 인류의 보편적인 소망이 아니라 바로 당신만의 고유한 것이고 이미 당신의 지각 체계와 가치 체계를 통과한 후에 당신의 것으로 인식된 것이기 때문입니다.

4단계_ 소망을 이루기 위해 포기할 것들은 일찌감치 포기한다

아무것도 놓지 않으려는 마음은 우리를 경직시킵니다. 그것은 사실 아무것도 변화시키지 않겠다는 고집입니다. 인생에 대가 없이 되는 일은 없습니다. 소망을 확인했고 그것을 이뤄내겠다고 결심을 했다면 소망에 도움 되는 것과 그렇지 않은 것을 결정해야 합니다. 그리고 도움이 되지 않는 것은 되도록 빨리 포기하는 게 좋습니다.

5단계_ '당장' 실천한다.

생각은 이제 그만해도 됩니다. 이제는 정말로 하고 싶은 일 하나를 골라 당장 실천하는 게 몇 백 배 더 중요합니다. 아주 작은 일이라도 실천해서 만족감을 얻는다면 자신의 인생을 위해 무언가를 했다는 놀라운 보상 즉, 자부심을 만나게 될 것입니다.

매일 조금씩 주어지는 자극에 따라 달라지는 운명

서커스단의 아기 코끼리는 서커스단에 끌려오는 순간부터 사슬에 묶입니다. 처음에는 벗어나려고 안간힘을 쓰지만 사슬을 끊는 것이 역부족임을 깨닫고부터는 도망치는 것을 포기하지요. 그리고 조련사의 손에 의해 서커스단의 코끼리로 다시 태어납니다. 시간이 흐르고 아기 코끼리는 어른 코끼리가 되었습니다. 이제 쇠사슬도 더 굵고 단단한 것으로 바뀌었을까요? 그렇지 않습니다. 아니 정확히 말하면 그럴 필요가 없다고 합니다. 어릴 때 쇠사슬을 끊는 건 불가능하다는 결론을 내렸던 코끼리는 더 이상 탈출을 시도하지 않기 때문입니다. 어찌 보면 거대한 몸의 코끼리를 얇은 사슬 하나로 묶어 둔다는 것 자체가 이미 서커스일 수 있겠네요.

이것이 바로 습관의 무서움입니다. 운명 역시 매일 조금씩 주어지는 자극에 의해 달라질 수도 있습니다. 소망을 이뤄 나가는 과정은 코끼리의 운명을 거꾸로 적용하는 것과 같습니다. 얇은 쇠사슬이 나를 묶고 있다는 것을 인식하고 그것을 벗겨 내는 시도이기도 합니다.

당신의 후원자는 바로
당신 자신입니다

오늘도 경숙 씨는 잔뜩 말아 쥔 휴지를 챙겨 들고 "안녕히 계세요."라는 말을 남기며 상담실을 나섰습니다. 그 휴지는 눈물을 닦기 위해 뽑아 쓴 것들입니다. 깔끔한 성격에 어디다 놓기도 싫고 흘리기도 싫어서 매번 그렇게 꼭꼭 쥐었다가 들고 나갑니다. 다시 말해 매번 운다는 말이기도 합니다. '여성 내담자들이나 울겠지.' '나이 어린 사람들이나 그렇겠지'라고 생각하는 건 아니겠죠. 산만한 덩치의 남자들도, 머리에 허옇게 서리가 내린 분들도 다들 그렇게 웁니다.

'그러면 울려고 치료에 가는 것인가? 심리 상담이라는 것이 우는 것인가?' 이렇게 묻는다면 그것도 정답은 아닙니다. 하지만 눈물은 소통입니다. 나를 이해해 줄 것 같은 사람 앞에서 내가 나의 벽을 허물 수 있을 때 내 안에서 솟아오르는 것이 바로 눈물입니다.

과학적으로 눈물은 눈의 각막을 청소하는 장치로, 공기 중의 이물질과 닿을 때 자동으로 작동하는 일종의 와이퍼라고 합니다. 하지만 그보다는 인간에게만 있는 복잡 미묘한 언어 체계의 일부로 이해하는 면이 더 큽니다. 아기였을 때 우리의 눈물은 거의 유일한 언어였습니다. 고통을 알리는 짧은 외침이었고, 새벽에도 엄마를 침대에서 튀어나오게 하고, 하던 일을 멈추게 하고, 나만 주목하게 하는 상당한 힘을 지닌 언어였습니다.

성인이 된 지금, 눈물은 어떤 의미인가요? 남들에게 보여서는 안 되는 것이고, 연약함이나 미숙함의 상징이며, 혼자 있을 때에도 속으로 처리하는 게 나은 것이 바로 눈물입니다. 하지만 아직도 우리에게 눈물은 일종의 경고 시스템입니다. '내게는 지금 적절한 공간이 필요하다. 거리를 조정해야겠다. 지금 일어나고 있는 일이 나에게 어떤 의미가 있는지를 알아야겠다. 무엇을 처리해야 하는가를 생각할 시간이 필요하다.' 따위의 의미입니다. 이처럼 눈물은 인간의 감정 문제를 처리하는 데 실질적인 도움이 될 수 있습니다.

성인이 된 우리는 언제 눈물을 보이나요? 우리가 울 수 있는 유일한 시간은 소설이나 영화나 텔레비전에 등장하는 가상의 인물들이 불행한 일을 겪을 때뿐입니다. 우리는 현실에서 비참한 상황에 처해도 울지 않는 법을 배웠습니다. 설사 그런 상황에 처하더라도 소리 없이 흐느낄 정도로 잘 단련되어 있다는 말입니다. 혹 다른 사람이 울음을 터뜨리는 것을 지켜보는 것도 난처하기는 마찬가지입니다. 우리는 그 앞에서 무능력함과 무력감을 느낍니다. 심지어는 죄책감을 경험하기도 합니다.

저와 같은 직업을 가진 사람들 중에도 아직 훈련 중이거나 경험이 많지 않은 이들은 내담자가 울기 시작하면 우선 울음을 그치게 해야 할 것 같고, 눈물의 원인을 없애 주어야 할 것 같은 책임감을 느낍니다. 하지만 내담자 스스로 눈물을 허락하게 하여 그 의미를 알게 하는 일이 바로 상담자가 내 담자를 돕는 방법입니다.

눈물은 인간적인 것의 가장 명시적인 상징입니다. 눈물은 기분이 아주 좋거나 아주 나쁘거나 감정적으로 충만할 때 나타나는 것이며, 가끔은 항복의 지점에서 보이는 것이기도 합니다. 자신의 감정에 충분히 머물러 주면서, 고통이 무기력하게 피를 흘리도록 내버려 두어야 하는 때가 바로 눈물이 솟을 때입니다. 나오는 눈물을 슬그머니 닦는 대신 그것을 인정할 때, 눈물을 얼른 그치지 않고 스스로 울도록 허락할 때, 우리는 변합니다. 울어도 된다고 말하는 것은 대단한 일입니다.

이 책을 쭉 읽어온 독자라면 슬럼프에 관한 글의 마지막을 '눈물'로 맺으려는 저의 의도를 이해하리라 믿습니다. '내 인생의 슬럼프'가 어디서 오는지를 이해하고, 그것을 넘어서려는 노력을 하면서 주저앉고 싶고 투정하고 싶고 힘드니 이제 그만하겠다고 소리치고 싶을 때가 왜 없을까요.

그럴 때 나를 인정해 주고 믿어 주고 울어도 괜찮다고 말해 주는 후원자 한 사람을 챙기기 바랍니다. 그 후원자는 바로 당신 자신입니다. 당신 옆에 혹은 한 발자국 바로 뒤에서 지켜봐 주는, 그래서 내 안의 진짜 나에게 끊임없이 말을 걸면서 위로해 주는 든든한 후원자는 바로 '나'입니다. 성인이 아이와 다른 점 한 가지는 스스로가 자신의 보호자가 되어 줄 수 있다는 점입니다. 앞으로 남아 있는 생애 동안은 자신과 끊임없이 대화하고 소통하고 충분히 울면서 순간에 집중하는 당신이 되기를 바랍니다.

잠시 슬럼프였을 뿐,
더 괜찮아질거야

초판 1쇄 발행 2020년 2월 28일

지은이 한기연
펴낸이 이지은   펴낸곳 팜파스   책임편집 이은규
표지 디자인 어나더페이퍼   디자인 박진희   마케팅 김민경, 김서희   인쇄 범선문화인쇄

출판등록 2002년 12월 30일 제10-2536호
주소 서울시 마포구 어울마당로5길 18 팜파스빌딩 2층
대표전화 02-335-3681   팩스 02-335-3743
홈페이지 www.pampasbook.com | blog.naver.com/pampasbook
페이스북 www.facebook.com/pampasbook2018
인스타그램 www.instagram.com/pampasbook
이메일 pampas@pampasbook.com

값 13,800원
ISBN 979-11-7026-324-1 (03180)

이 도서의 국립중앙도서관 출판예정도서목록(CIP)은 서지정보유통지원시스템 홈페이지
(http://seoji.nl.go.kr)와 국가자료공동목록시스템(http://www.nl.go.kr/kolisnet)에서
이용하실 수 있습니다.(CIP제어번호: CIP2020003484)